All Denen, die das Reisen noch als Genuss ansehen und es mit offen Augen und wachem Herzen genießen, die sich darin ein wenig Kindheit bewahren konnten

So weit, so gut

Geschichten vom Reisen

© 2009 Wolfgang Arndt
ISBN 978-3-8370-7660-8
Herstellung und Verlag: Books on Demand GmbH,
Norderstedt

Inhaltsverzeichnis

1.   Bushmantrail
     Unterwegs im Caprivi

Die Geräusche der Nacht sind noch lange nicht verklungen und schwellen gegen Morgen zu einer neuen Melodie an. Es ist noch nicht einmal 5 Uhr, als wir gnadenlos geweckt werden. Wir, das sind Werner, Frank und Wolfgang, Arbeitskollegen, die aufgebrochen sind, um im fernen Namibia das Abenteuer ihres Lebens zu erleben. Organisiert hat das Ganze Jörg, ein Freund, der schon lange in Namibia lebt und als Tourguide arbeitet. Der hat also gerade unsere Nachtruhe beendet, denn heute beginnt der Trail. Wir haben gestern Abend die Ausrüstung zum tausendsten Mal kontrolliert und alles griffbereit gelegt. Jetzt heißt es noch eine kurze Morgenwäsche und Anziehen, denn der Tag wartet auf uns und die Dämmerung löst die Nacht ab. Alle sind ziemlich ruhig und verspeisen die Poikiereste vom Vorabend. Jeder hängt seinen Gedanken und Erwartungen nach und noch weiß keiner so richtig, auf was wir uns hier im Caprivi eingelassen haben.

Gestern haben wir unsere Begleiter die Buschleute zum ersten Mal kennen gelernt und mit ihnen gemeinsam die Wasserkanister vergraben. Zweimal 25 Liter. Das sollte reichen für die geplanten 2,5 Tage. Hoffentlich finden wir auch alles wieder, aber die Buschleute strahlen Kompetenz und Zuverlässigkeit aus. Wir fassen Vertrauen zu ihnen und langsam schwindet die Distanz. Am Nachmittag treffen wir uns in unserem Camp an den Popa Falls. Thadeus hat seine beiden Frauen dabei und wir brechen zu einem kleinen Ausflug in den Mahangopark auf. Die Frauen schnattern und lachen und sind aufgeregt. Ich denke, dass ist ihr erster Ausflug im Leben und dann auch noch in Jörgs Jeep. Der Park ist wundervoll und immer wieder beobachten wir die afrikanische Tierwelt.

Am Abend gibt es dann leckeren Poikie und bei Bier und Wein und Captain Morgan werden die nächsten Tage besprochen. Wir gehen früh zu Bett und freuen uns auf die kommenden Tage.

Mit der aufgehenden Sonne sitzen wir im Jeep und fahren in das Dorf der Buschleute. Als wir uns der Hütte von Thadeus nähern sehen wir auf einmal ein Fahrzeug, was so gar nicht in das Bild passt. Ein Jeep der Regierung wartet dort und wir ahnen, dass erste Schwierigkeiten auf uns zukommen. Eine lange Diskussion um unseren Trail entbrennt. Der beamte meint sogar, dass es sich um eine politische Veranstaltung handeln könnte. Schließlich gelingt es Jörg und Thadeus alle Bedenken zu zerstreuen und wir erhalten grünes Licht. Die Tour kann beginnen. Unsere Begleiter für die nächsten Tage sind Thadeus, der Chief dieser Gemeinschaft, Wintas, ein jüngerer Jäger und Mboma ein Uralter Medizinmann. Schnell sind die restlichen Dinge die wir benötigen verstaut und wir brechen endgültig auf, weg von der Zivilisation auf in den Busch. Und da ist schon die Stelle wo der Marsch beginnt, ein letztes Foto noch und dann wird Jörg uns verlassen.

Nachdem wir so 10 Minuten gelaufen sind halten wir das erste Mal an und Mboma beginnt mit geschickten Händen und zwei Stöcken Feuer zu machen und siehe da, schon nach wenigen Minuten steigt Rauch auf und die Glut entfacht trockenes Gras und das Feuer brennt. Wir sind beeindruckt. Nun wird das wichtigste Jagdutensil, die Hasenangel, zusammengesetzt. Es ist dann ein rund 6 m langer Stock mit einem Haken am Ende, um Springhasen oder andere Tiere in ihrem Bau zu fixieren. Der Einsatz von Pfeil und Bogen oder anderen Jagdwaffen ist den Buschleuten hier verboten. Jetzt wird Tabak dem Feuer geopfert für eine erfolgreiche Jagd. Wir folgen auch sofort einer Springhasenfährte durch den Busch. Na ja, wir folgen den Buschleuten und sie der Fährte, denn wir sehen nichts. Die Zeit vergeht und nach einer Stunde verlieren wir die Spur. Mittlerweile brennt die Sonne heiß vom Himmel, und das mitgenommene Trinkwasser ist fast zu Ende. Thadeus fragt uns, wo wir die Wasserstelle vermuten. Unsere Angaben sind vage und sehr unterschiedlich, aber schließlich bekommen auch wir mit, dass wir nur noch ein paar Meter zum erlösenden Wasser haben. Schnell werden noch ein paar Nüsse gesammelt und geknackt und die erste Mittagsrast beginnt. Mein Gott, wie sehen schon unsere Hände aus. Pechschwarz von verbrannter Erde und auch die Gesichter sind mit Staub überzogen. Wir bekommen langsam Hunger und lassen noch einmal die Erlebnisse des Vormittags an uns vorbeiziehen. Da war die Antilope, dann eine Kudufährte der ein Leopard folgte, ein paar Hasenspuren und eine Puffotter in einem Erdloch, ja und nicht zu vergessen das Erdmännchen, das zu schnell für uns war. Aber erst mal ausruhen, ein wenig Kraft tanken für die Jagd am Nachmittag. Das Trockenfleisch lassen wir den Buschleuten. Wir wollen schließlich frischen Hasenbraten und so brechen wir gegen halb drei wieder auf zur Jagd.

Am Himmel sind dunkle Wolken aufgezogen und in der Ferne grollt der Donner. Wir werden also regen bekommen. Erste Tropfen fallen schon aber das stört uns nicht. Weiter geht es Stunde um Stunde durch verbranntes Buschland auf den Spuren der Springhasen. Plötzlich lässt Wintas alles Fallen und legt einen 200 m Sprint hin. Er hat auf diese Entfernung tatsächlich ein Erdmännchen gesehen und mit der Hand erwischt ehe es in seinem Bau verschwinden konnte. Stolz zeigt er seine Beute. 250 g Lebendgewicht für 6 erwachsene Männer.

Wir gehen zurück zur Wasserstelle, denn es wird bald Abend. Trinken, trinken, trinken, das ist auch gut gegen den Hunger. Nun beginnen wir uns einzurichten. Bald sind Bäume gefunden, wo wir unsere Hängematten befestigen können und wir machen es uns gemütlich. Die Buschleute haben sich ein Bett aus Zweigen bereitet. Dann rufen sie uns zu, dass wir viel zu weit entfernt wären und schnell in den Schutz der Feuer kommen sollten. Nur sind dort viel zu wenige Bäume für unsere Hängematten. Kein Problem für die Buschleute, innerhalb von 20 min haben sie für uns Bäume gefällt und eingegraben, so dass wir es uns im Schutz der Gemeinschaft gemütlich machen können. Die Messer stecken griffbereit in den Bäumen und wir trinken warmes Wasser gegen Durst und Hunger. Elefanten sind ganz in der Nähe und wir entzünden 3 große Feuer. Langsam wird es Nacht. Die Buschleute rufen uns näher und Mboma beginnt in der Sprache seines Volkes zu erzählen. Thadeus übersetzt. Er spricht vom Leben und Sterben seines Volkes im Busch, von alten Traditionen, von Entbehrungen und von Glück, von Gefühlen und wir hörne ihm staunend zu. Bei den Jagdgeschichten laufen kalte Schauer über unsere Nacken und wir rücken noch ein Stück näher zusammen. Es ist Nacht geworden und wir kriechen in unsere Hängematten. Blitze zucken und der Wind jagt die Wolken. Gegen 1 Uhr morgens bricht das Gewitter richtig los. Wir ziehen um ans Feuer und wärmen uns ein wenig und die Nacht singt mit den Stimmen der Tiere. Wieder legen wir uns hin und ein Glücksgefühl überwältigt mich. Das ist Afrika, der Busch und ich bin mittendrin. Es ist so ein Gefühl was satt macht und zufrieden und einen vollkommen ausfüllt. Eins mit sich selbst und der Natur und ich schlafe wieder ein. Gegen 4 Uhr ist der Regen heftiger geworden und wir suchen wieder Schutz am Feuer. Elefanten trompeten in der Nacht und wir schlafen wieder ein, ehe halb 6 die Nacht endgültig vorbei ist.

Wir räumen das Lager und der neue Jagdtag beginnt. Noch immer regnet es leicht, aber das stört und nicht. Als wir die Straße überquert haben sehen wir auf einmal die Lichter eines Fahrzeugs, schnell zurück und nachschauen. Es ist Jörg, der sieht ob wir alle ok sind und weitermachen können und er hat zwei Flaschen eiskalten Sprudel dabei. Wir reißen ihn aus seinen Händen und schnell sind die letzten Tropfen in 6 durstigen Kehlen verschwunden. Besser wie Champagner. Und weiter geht die Jagd. Wir sehen einen kleinen Kronenducker, aber auch der war zu schnell für uns und die letzte Mahlzeit liegt mittlerweile 26 Stunden zurück. Kein Ducker, kein Hase, kein Erdmännchen. Der Regen hat aufgehört und die Sonne brennt gnadenlos auf den weißen Sand herab. Gegen halb 11 erreichen wir die zweite Wasserstelle und trinken durstig. Müde lassen wir uns auf dem Boden nieder.

Thadeus und Mboma erkunden die Gegend und wir hören Wintas neugierig zu, der uns von den politischen Verhältnissen im Caprivi erzählt und von seinem Leben. Er war sogar eine Zeit lang Mitglied im berühmt, berüchtigten Batallion 201, dem Buschmannbatallion in Camp Omega. Die härtesten Kämpfer der Welt. Mensch, Werner hat sogar einen Kamm dabei. Endlich komme ich mal durch meine langen Haare. Ein tolles Gefühl. Viel zu schnell ist die Rast vorbei und es heißt wieder weiter. Wir kommen in dichtes Buschland und die Buschleute ermahnen und zu absoluter Vorsicht. In den kurzen Pausen sinken wir zu Boden wo wir gerade sind.

Aber auch jetzt bleibt unsere Jagd erfolglos. Nicht mal wilde Bienen finden wir, um wenigstens Honig zu bekommen. Wie überleben diese Menschen das nur. Auch wir ernähren uns nun schon den zweiten Tag nur von Wasser. Ich stöbere einen Springhasen auf, aber keiner hat mehr die Kraft ihm zu folgen. So richten wir schließlich unser Nachtlager. Auch wir bauen uns heute ein Bett aus Zweigen und schlafen erschöpft ein. Gegen 3 Uhr weckt uns wieder Regen, der glücklicherweise schnell vorbei ist. Die Wolken verziehen sich und über uns leuchtet der schönste Sternehimmel den man sich vorstellen kann. Sogar ein Satellit ist auf seiner Bahn zu sehen und schließlich schlafen wir zufrieden wieder ein.

Morgens stellen wir fest, dass Elefanten nur in 50 m Entfernung an unserem Lager vorbei gezogen sind. Die Buschleute haben sie gehört, zeigen sie uns aber erst, als die letzten im Busch verschwinden.

Sie sind rührend besorgt um unsere Sicherheit und gleich werden wir wieder aufbrechen. Hungrig, durstig, aber bereit zu neuen Abenteuern.

Doch wieder ist die Jagd erfolglos. Thadeus und Wintas verfolgen einen Ducker, aber es will einfach nichts glücken. Wir hocken im Kreis und Mboma ermahnt noch einmal alle. Wir können doch nicht erfolglos ins Dorf zurück. Vielleicht liegt es ja an uns, vielleicht sind wir einfach zu laut. Wir bieten den Buschleuten an, sie sollten ohne uns jagen und wir gehen schon zum Abholpunkt. Sie stimmen zu und wir machen uns auf den Weg. Dort fachen wir das Feuer an und erkunden noch ein wenig die Umgebung. Oh, sogar ein Busch mit Früchten ist hier. Meinkeappel oder wie immer sie heißen. Kleine, runde, orangefarbene Früchte, die etwas säuerlich und leicht bitter schmecken. Wir teilen auch das letzte Wasser ein. Vielleicht vergisst uns Jörg ja. Was dann? Schließlich sind wir müde und schlafen ein. Rufe und das Geräusch schneller Schritte weckt und. Vor uns stehen, schweißüberströmt, die Buschleute. Elefanten waren und gefährlich nahe gekommen und wir haben nichts bemerkt. Das Feuer war fast aus und das Ganze hätte sehr böse enden können. Das zeigt uns wiedereinmal, wie hilflos doch der weiße Mann ist. Wir sind den Buschleuten dankbar. Sie haben uns das Leben gerettet. Die Jagd war wieder erfolglos und das tut uns total leid.

Wir hören ein Motorengeräusch und Jörgs Jeep schiebt sich durch den Busch. Glücklich fallen wir uns alle in die Arme und das erste eiskalte Bier rinnt durch die Kehlen. Für die Buschleute gibt es Cola. Wir sind einfach glücklich. Diese Erlebnisse werden uns noch lange prägen. Wir Drei sind Freunde geworden in diesen Tagen und wir haben drei neue Freunde für das Leben dazu gewonnen. Sie haben einen Vorhang weggezogen von ihrer Welt und haben uns Einblick gegeben in ein Leben voller Entbehrungen und Gefahren aber auch voller glücklicher Momente. Sie haben etwas mit uns geteilt, was uns tief beeindruckt hat und was tief in unseren Herzen nachklingt.

Dem Teil eines Volkes so nahe zu sein, was unbeachtet und still in einem Zipfel dieser Welt um sein Überleben kämpft ist für uns eine Erfahrung, die und verändert. Nicht nur oberflächlich, nein sie hat nach unseren Herzen gegriffen und unseren Verstand geschärft. Das Zusammenleben von Schwarz und Weiß ist oft geprägt von Missverständnissen füreinander. Hier ist in wenigen Tagen eine Gemeinschaft und Freundschaft gewachsen, wie es kaum vorstellbar war. Mögen wir diese Erfahrung hinaustragen und möge sie überall offene Herzen finden.

2.   Südseeabenteuer
      Unterwegs in Tonga

Endlich in der Südsee. Tonga heißt das Traumziel. Als Kind habe ich Bücher darüber verschlungen und die darin beschriebenen Abenteuer tausendmal erlebt. Nun stehe ich hier an einem weißen Traumstrand und die Wellen umspülen meine Beine. Es ist 5.00 Uhr morgens und an Schlaf ist nicht mehr zu denken. Viel zu groß ist die Erwartungshaltung und als endlich die Sonne aufgeht und die Insel in strahlendes Licht taucht kann ich meine Bewunderung nicht verbergen. Ein weißer Strand voller Muscheln. Kleine Krebse bewegen sich flink hin und her. Nicht weit vom Strand wiegen sich Palmen leicht im Wind und nicht weit weg höre ich die Brandung des Außenriffs.

Plötzlich finden meine Augen einen Punkt in der Ferne der sich bewegt. Was ist das. Dunkel zieht dort ein Wesen seine Bahn. Delfine denke ich im ersten Moment und im zweiten: nein, viel zu groß. Also müssen es doch... und da steigt schon eine riesige Fontäne in den Morgenhimmel. Ja es ist ein Wal. Buckelwale gibt es hier. Das habe ich gelesen, aber so ein Tier dann auch zu sehen ist schon etwas ganz anderes. Es ist ein erhabenes Gefühl, diesen Riesen zu begegnen und man wünscht sich mehr Nähe. Immer wieder gleiten die schwarzen Rücken elegant durch das Wasser und ab und an spritzt eine riesige Fontäne in die Luft. Warum gibt es Menschen, die solche wundervollen Tiere jagen. Dieser Tag scheint perfekt zu werden.

Jürgen hat uns zu einer Wanderung zum Riff eingeladen. Wir haben ein wenig gestaunt, aber das Wasser ist tatsächlich so weit zurückgegangen, dass wir die Riffkante wohl zu Fuß erreichen werden. Drei Insulaner sind dabei die verbleibenden Wasserlöcher nach Fischen abzusuchen und sie haben ziemlichen Erfolg. Auch uns tut sich hier und da eine geheimnisvolle Welt auf. Kleine bunte Fische tummeln sich in Pfützen, Winzige Korallenbänke tauchen auf und plötzlich liegt ein Seestern im flachen Wasser vor uns. Er glänzt dunkelblau und wir nehmen ihn vorsichtig heraus um ihn zu betrachten. Man fühlt sie wie mitten in einem riesigen Aquarium, dass man staunend durchschreitet und immer wieder tun sich neue, paradiesische Bilder auf.

Endlich stehen wir an der Riffkante und der Spray bedeckt uns. Es ist glitschig und wir bewegen uns sehr vorsichtig, damit das Meer uns nicht zu sich holt. Schließlich ist genau an der Kante des Tongagrabens. Über 10.000 m geht es senkrecht nach unten in die geheimnisvolle Tiefe. Jürgen erzählt uns, dass sich ab und an Hummer auf dieser Riffkante tummeln, die dann von den Einheimischen gesammelt werden. Uns läuft natürlich sofort das Wasser im Mund zusammen aber es bleibt nicht viel Zeit darüber nachzudenken, denn langsam kommt die Flut.

Schnell ziehen wir uns in Richtung Insel zurück und genießen, wie sich die Palmen in der Sonne wiegen und warmes Wasser um unsere Füße kräuselt. Jürgen erzählt uns vom Leben auf Tonga und von den Menschen und bietet uns an, gemeinsam mit ihm am Sonntag einen Gottesdienst zu besuchen. Begeistert nehmen wir an. Dieses

Erlebnis wird noch lange in uns nachklingen, dieser unbeschwerte Umgang mit Religion, diese Fröhlichkeit, die festlich angezogenen Menschen und ihr unbeschwerter Gesang in der Kirche. Aber jetzt gibt es erst einmal auf der Terrasse ein eiskaltes Bier und die Pläne für den Nachmittag werden geschmiedet. Doch zunächst bietet die Hängematte unter Palmen Schutz vor der sengenden Sonne und wir schlafen ein wenig.

Schwimmen und Schnorcheln wäre jetzt schön und schnell sind die entsprechenden Sachen angelegt. Es ist wie im Paradies. Schon im flachen Wasser tummeln sich bunte Fische und die ersten Riffe sind nur 10 m vom Strand entfernt. Je weiter wir hinausschwimmen umso schöner sind die Einblicke, die uns das Meer bietet. Papageienfische in allen Farben, bunte Korallen, Seegurken. Muränen, immer wieder neue Eindrücke, die man kaum verarbeiten kann. Ich fühle mich in ein riesiges Aquarium versetzt und genieße es mich im warmen Wasser treiben zu lassen und all die Herrlichkeiten zu bestaunen. Das Meer ist vollkommen still, da das Außenriff uns schützt und so können wir ohne Angst immer wieder hinabtauchen in diese Stille und doch so eindrucksvolle Welt. Neugierig berühren Fische meinen Körper und wenn ich ganz still halte schmiegen sie sich an mich und knabbern auch ab und an an mir. Ein seltsam vertrautes Gefühl stellt sich dabei ein.

Es ist noch etwas Zeit bis zum Abendbrot und wir beschließen mit einem Kanu zur Nachbarinsel zu paddeln. Schnell ist es zu Wasser gebracht und los geht es. Die Insel ist nur ca. 1 km entfernt, aber wir haben zwischendurch eine heftige Querströmung zu überwinden. Schließlich landen wir an einem menschenleeren Strand. Keine Spur ist zu sehen und sie wurde lange nicht mehr von Menschen betreten. Wir machen uns auf Entdeckungstour in das Inselinnere. Wir folgen verwachsenen, kaum erkennbaren Pfaden, durch das Dickicht und erreichen schließlich steinerne Mauern, die schon sehr alt sind. Sie gehören zu einem Taubenturm. Hier luden die frühren Häuptlinge ihre Gäste zur Jagd auf Tauben ein und alle wichtigen Entscheidungen im Stammesleben wurden hier gefällt. Es wurde über Krieg und Frieden, über Leben und Sterben verhandelt. Ehrfürchtig lassen wir unseren Blick streifen und erkennen in weiter Ferne einen großen Baum, der seltsam behangen ist. Das muss erkundet werden. Der Weg führt uns am Strand entlang, aber immer wieder unterbrechen die Gaben des Meeres unser Vorankommen. Schnecken, Muscheln, Deckel von Muscheln, versteinerte Stacheln von Seeigeln, der Strand ist übervoll von all diesen Dingen in allen Größen und Farben. Schließlich erreichen wir unser Ziel und entdecken, dass der Behang des Baumes Fliegende Hunde sind, die nun in der hereinbrechenden Abenddämmerung auf Jagd ausfliegen.

Nun aber schnell zurück und wir schaffen unser Kanu wieder ins Wasser und paddeln zu unserer Anlage zurück. Unter einem riesigen Baum genießen wir bei einem Drink den Sonnenuntergang ehe wir uns zum Haupthaus begeben. Dort erwartet uns gleich ein perfektes Abendessen und der Traum vom Hummer heute Vormittag wird wahr. Dazu gibt es einen Papayasalat. Die Hausmädchen servieren jeden Gang mit einem Lied auf den Lippen. Leise zwar, aber getragen von einer Fröhlichkeit, die direkt aus dem Herzen zu kommen scheint. Dann versammeln sich Alle draußen um ein Feuer, Musikanten und Tänzer sind gekommen, um uns mit ihren Darbietungen zu verwöhnen. Nicht lange und wir wiegen uns im Rhythmus der Südseemelodien, die uns bis in den Schlaf begleiten. Über uns strahlt das Kreuz des Südens und ein letzter Blick fällt auf den Wendekreis des Krebses. Das ist es, wovon schon Miller und Michener geschwärmt haben und ich darf diese Schönheiten nachempfinden. Das Herz fühlt diese Ruhe, das sanfte Schlagen des Meeres und den Flügelschlag der jagenden Vögel, bis ein neuer Tag erwacht.

Whalewatching steht auf dem Programm. Reimar hat eine Tauchschule hier auf der Insel und ist gerade da, um sich um sein Geschäft zu kümmern. Aber er hat eine tolle Vertreterin hier auf Tonga, Monika Rimini, „Tauchen ohne Angst" hat sie geschrieben und wer sie erlebt der spürt, diese Frau weiß genau, wovon sie spricht. Er hat uns zu einem Ausflug auf das Meer eingeladen. Wir haben einen erfahrenen Steuermann dabei, der ansonsten das Kirchenboot fährt und so begeben wir uns auf hohe See und in Gottes Hand.

Die Wellen wiegen uns und bei allen beteiligten macht sich eine Spannung breit. Immer wieder suchen die Augen den Horizont ab. Wo mögen sie sein die sanften Riesen? Woran werden wir sie erkennen? Wir haben längst das Außenriff hinter uns gelassen und befinden uns auf dem offenen Meer. Plötzlich ist in der Ferne eine riesige Fontäne zu sehen und gleich darauf noch eine. Wale; sofort ist alles hellwach. Langsam nähern wir uns den Tieren, besorgt sie nicht zu verschrecken. Aber auch sie haben uns bemerkt und halten auf unser Boot zu. Reimar erzählt uns, dass Wale sehr neugierig sein können, genau wie wir Menschen. Und dann sehen wir sie zum ersten Mal. Drei Tiere sind es. Ein Muttertier von ungefähr 12m Länge und ihr Jungtier von ca. 9 Monaten und dazu ein stattliches Männchen von 16m mit einer Haiverletzung am Rücken. Wir halten fast den Atem an, als sie sich unserem Boot nähern. Sie sind viel größer wie wir. Spielerisch taucht das Jungtier immer wieder unter uns durch.

Ich bin total in die Schönheit des Augenblicks versunken, als mich schließlich Reimars Stimme aus den Träumen reißt. „Willst Du nicht zu ihnen ins Wasser?" Diese Frage habe ich mir auch schon selbst gestellt, aber nicht zu hoffen gewagt, dass es möglich ist. Schnell habe ich Taucherbrille und Schnorchel ergriffen und höre auf die letzten Instruktionen von Reimar. „Beobachte die Tiere sehr genau! Nähere dich nur so, dass sie dich sehen können, also von vorn oder von der Seite! Achte auf ihre Reaktionen! Sei vorsichtig wegen Haien!" Mit einem Sprung tauche ich in das Meer und mir bleibt fast das Herz stehen vor der Schönheit des Anblicks der sich mir bietet. Das Weibchen liegt in 2 Meter Tiefe waagerecht im Wasser und darunter steht senkrecht das riesige Männchen. Das Jungtier zieht nach wie vor spielerisch seine Kreise und verharrt nach jeder Runde kurz bei seiner Mutter, so als ob es sich die Erlaubnis für die nächste Runde holt.
Beeindruckt nähere ich mich vorsichtig den Tieren, immer darauf bedacht sie nicht zu erschrecken. Sie sind nun nebeneinander und schauen mich an. Ihre Augen sind riesig und ich nähere mich immer weiter. Gebannt verfolge ich ihre Reaktionen und merke, dass sie genau so neugierig

auf mich sind wie ich auf sie. Schließlich erlauben sie es mir sie zu berühren. Ich kann mein Glück kaum fassen als ich die riesigen Körper an meiner Hand spüre. Ich merke wie sie auch mit mir Kontakt suchen, wie behutsam sie vorgehen um mich nicht zu verletzen. Es ist einfach unbeschreiblich schön, das erleben zu dürfen.

Raum und Zeit sind längst vergessen und ich glaube zu träumen. Es könnte ewig so weitergehen, aber die Wassertemperatur macht sich doch langsam bemerkbar und ich beschließe, zum Boot zurückzukehren. Als ich den Kopf hebe, bin ich gerade auf einem Wellenkamm und sehe das Boot in einer Entfernung von ca. 150m. Ich mache die ersten Schwimmzüge und mich durchzuckt die Erkenntnis: das schaffst du nie! Die Flossen vergessen bei diesem Wellengang auf dem offenen Meer. Aber natürlich hat man mich vom Boot aus genau beobachtet und kommt mir entgegen. Erschöpft aber überglücklich steige ich an Bord. Die Wale bleiben noch weitere 3 Stunden bei uns, ehe sie sich in den Tiefen der Südsee verabschieden. Ich kann nicht reden über dieses Erlebnis und schweige für den Rest der Tour und genieße den Blick der sich meinen Augen bietet. Es ist ein Erlebnis, von dem ich nie zu träumen gewagt hätte.

Als wir den Strand erreichen bedanke ich mich ohne große Worte bei Reimar, der uns ein solches Erlebnis ermöglicht hat. Er, der selbst ein begeisterter Tierfilmer ist, spielt uns zum Abschluss die Gesänge der Wale vor, die im Ozean meilenweit zu hören sind. Dazu der schwere Duft der üppigen Blumen und die träge Hitze des Tages. Bei einem guten Glas Wein lasse ich den Tag ausklingen auf einer

Bank um in aller Stille beobachten zu könne wie die Sonne im Meer versinkt und überlege, was meine neuen Freunde wohl alles erleben werden.

Ja die Südsee, viele Menschen hat sie schon in ihren Bann geschlagen. Forscher, Abenteurer, Auswanderer. Sie ist und bleibt auch heute noch das Traumziel Vieler und für mich ist dieser Traum wahr geworden. Blicke in eine exotische Welt, die so ist wie ich sie mir geträumt habe. Eine Welt voller Farbe, Magie und Schönheit, voller Gesang und Tanz, voller alter Rituale. Doch die neue Zeit beginnt auch hier ihre Löcher zu nagen, an einem der letzten Paradiese dieser Erde.

3.   Eclipse
      Sonnenfinsternis in Sambia

Dunkelheit hüllt mich ein wie ein warmes, weiches Tuch und ich liege mit offenen Augen da und atme die Nacht. Schlafen kann ich noch nicht, obwohl die Öllampen, die den Weg zu den Zelten weisen, längst verloschen sind. Gedanken türmen sich in meinem Kopf, denn es war ein ereignisreicher Tag und am Morgen steht auch noch die Sonnenfinsternis bevor. Wir sind in Sambia angekommen und es war ein harter Weg. Ein Glück, das Jörg noch bemerkt hatte, dass ein Rad am Jeep zu schlingern begann. Nicht richtig festgezogen, die Radmuttern verloren und zwei Steckachsen abgeschert. Irgendwo im Nirgendwo. Das hätte böse ausgehen können. Die Sonne brennt unbarmherzig herab und wir haben noch mindestens 300 km Schotterpiste bis zum Camp vor uns. Also fassen alle an und es wird improvisiert. Irgendwie gelingt es uns auch das Reserverad zu befestigen. Nun stoppen wir alle 10 km und überprüfen den festen Sitz. Es hält und mit der einbrechenden Dämmerung erreichen wir das Camp. Das Abendessen ist vorbereitet und in einer Kiste ist Bier auf Eis gelegt. Die erste Flasche spült den Staub des Tages aus der Kehle, ein richtiger Genuss. Schnell ist auch die Zweite geöffnet und langsam macht sich Ruhe in Körper und Kopf breit. Herrliches Fleisch von Zebra und Oryx brutzelt auf dem Grill und der Duft verführt die Nase und lässt das Wasser im Mund zusammenlaufen. Wir stärken uns, Fleisch, Salat, Brot. Immer wieder wird der Teller nachgefüllt. Essen wenn Essen da ist, denn keiner weiß, was die Zukunft bringt. So tun es die Buschleute, von denen wir in dieser Nacht noch viel hören werden.

Reinhard Friedrich ist zu uns gestoßen, ein absoluter Experte wenn es um Buschleute geht, und er wird uns ein Stück unseres Weges begleiten. Wir versammeln uns gemeinsam um das Lagerfeuer oder um das, was mal eins werden will, denn noch brennt hier nichts, Kein Problem für Reinhard, der mit geschickten Händen, zwei Stöcken und etwas trockenem Gras, das Feuer entfacht. Kein Lagerfeuer wie wir es gewöhnt sind sondern eher spärlich. Ein Ast wird nach und nach in die Glut geschoben. Nichts wird verschwendet, sondern die Gaben der Natur werden mit Achtung und Ehrfurcht behandelt. Schnell noch einmal mit frischem Bier bewaffnet, lauschen wir nun Reinhards Erzählungen über die Buschleute, ihr Leben, die Klicksprache, Jagd, Landminen, Krieg und über das Überleben im Busch. Ein Teller mit getrockneten Termiten macht die Runde und schmeckt uns vorzüglich. Immer tiefer sinkt die Nacht herab. Als Krönung des Abends leiste ich mir eine Buschmannausrüstung. In einer Tasche aus einem kleinen Antilopenfell ist alles was die Buschleute auf ihrer Jagd begleitet. Der kleine Bogen, ein paar Giftpfeile in einem hölzernen Köcher, der mit der Haut von Antilopenhoden fest verschlossen ist und auch die notwendigen Hölzer zum Feuermachen enthält, ein kurzes Kiri, das absolut tödliche Schlagholz, eine handgeschmiedetes Messer und ein kurzes Beil. So gerüstet wandere ich durch die Nacht zum Zelt zurück. Lange klingen die Erlebnisse und Erzählungen nach aber irgendwann wird der Schlaf übermächtig.

Der Morgen ist erwacht und schnell ist die Toilette erledigt. Auf, auf, ja nichts verpassen. Heute ist der große Tag der

Sonnenfinsternis. Wir sind nur ein paar Kilometer von der angolanischen Grenze auf sambischen Territorium, ein nicht ganz ungefährliches Gebiet. Trotzdem entscheiden wir uns, unseren Beobachtungsstützpunkt ganz in der Nähe des Grenzpostens aufzuschlagen, da genau dort die Sonne ihren Weg nimmt und eine ausgezeichnete Beobachtungsmöglichkeit in freiem Gelände besteht. Gegen 07.10 Uhr soll das Schauspiel beginnen und eine knappe Stunde andauern. Während dieser Zeit, wird sich die der Mond für 42 Sekunden vor die Sonne schieben und eine totale Finsternis auslösen. Alles sieht gut aus, als wir das Camp gegen 06.00 Uhr verlassen und Richtung Grenze aufbrechen. Die Schutzbrillen werden vor Ort verteilt und jeder sucht sich seinen perfekten Platz. Die Kameraausrüstung wir aufgebaut, alles griffbereit gelegt und die Spannung steigt. Unsere Aktivitäten bleiben natürlich den sambischen Grenzposten nicht verborgen und sie verlassen ihre Stellungen und nähern sich neugierig und mit voller Bewaffnung.

Der Postenführer spricht ein wenig englisch und ist ganz erstaunt, als wir ihm erzählen, was sich in Kürze hier ereignen soll. Schnell sind wir alle im Gespräch und neugierig wird unsere Ausrüstung betrachtet und begutachtet. Besonders Foto, Video und Ferngläser haben es den Jungs angetan. Innerlich bin ich sehr unruhig. Was, wenn sie uns alles wegnehmen, gegen diese Leute sind wir vollkommen wehrlos und ein Menschenleben ist in dieser Gegend nichts wert. Wir verteilen eiskalte Cola und Schutzbrillen und spüren auf einmal, dass wir neue Freunde gewonnen haben und jedes Gefühl der Angst vergeht. Schön auf solche Art Freunde zu finden, gemeinsam etwas zu erleben und voneinander zu lernen.

Die Welt hat sich verändert und der Morgen beginnt zu atmen wie die Nacht. Eine Veränderung die spürbar ist und die sich wie ein kalter Atemzug ums Herz legt. Die Ersten die es feststellen sind die Vögel, denn sie beginnen ihr Abendlied zu singen, noch ehe alles richtig beginnt. Die Schatten ändern sich und auch das Licht und es wird kühler, als der Mond langsam beginnt, sich vor die Sonne zu schieben. Es ist wie Magie, irgendwie unwahr, märchenhaft und doch erschreckend real. Die Vögel sind nun vollkommen verstummt und Wind kommt auf. Abendwind, der die letzten Wolken vor diesem Schauspiel vertreibt. Unaufhaltsam wandert der Mond weiter und hat die Sonne fast schon zur Hälfte bedeckt. Immer wieder klicken Kameras, werden Filme gewechselt aber das Schauspiel wird tiefgründiger und die Unterhaltung immer spärlicher, bis auch die Menschen verstummt sind. Noch hat die Sonne die Form einer dicken Banane, aber die Dunkelheit nimmt immer mehr zu. Es ist ein unheimliches und sehr diffuses Licht, was sich immer mehr ausbreitet und den erwachenden Tag langsam verschlingt.

Nein es ist kein Licht, es ist Dämmerung, welche die Konturen langsam verschwimmen lässt und unklare Schatten zeichnet. Dazu große Schatten die am Horizont entlang fliegen. Ich habe das Fotografieren schon fast vergessen, so gefangen bin ich von diesem Schauspiel und muss mich zwingen auch etwas zu tun, den Moment festzuhalten, denn es wird schwer werden, dieses zu beschreiben. Jetzt ist der große Moment gleich da. Der

Mond verdeckt die Sonne fast vollkommen und es ist Nacht, keine zwei Stunden nachdem die Sonne aufging. Nur ein schmaler Lichtkreis umhüllt den Mond, die Sonne ist verschwunden und die Erde liegt da in Dunkelheit und Kälte. Sekunden denen sich zu Ewigkeiten, eine kalte hand berührt das Herz und das Atmen fällt scheinbar schwer, bis endlich wieder Licht aufblitzt. Unwirklich aber wie ein großer Sieger kehrt langsam die Sonne zurück und die Natur erwacht aus ihrem Koma. Man kann diese Gefühle nicht erklären. Es bleibt eine Gänsehaut zurück und Erleichterung macht sich breit. In den Augen sammeln sich Tränen und rinnen fast unbemerkt herab. Es ist als hätte man an einem Abgrund gestanden und für einen Moment das Ende der Welt erlebt. Keiner mag so richtig reden, selbst die sonst so geschwätzigen Kämpfer nicht.

Ein fester Händedruck und sie verlassen uns still, kehren in ihre Schützenlöcher und zu ihrer Aufgabe zurück. Schweigend sammeln wir unsere Ausrüstung ein, steigen in den Jeep und fahren zurück zum Lager. Auch die anderen sind gerade angekommen, schweigsam und nachdenklich. Erst beim gemeinsamen Frühstück flammen die Gespräche wieder auf. Komischerweise eher über allgemeine Dinge, denn jeder hat diese totale Sonnenfinsternis auf seine ganz eigene Weise erlebt und muss sie für sich selbst verarbeiten. Es hat mich ins tiefste getroffen. Ein Erlebnis das mich noch lange begleiten wird und nachdenklich starte ich in den jungen Tag, der heute zweimal begann. Wir sind der Nacht gerade noch einmal entronnen.

4.   Indische Erfahrungen

Auf Tigersafari in Nordindien

Da bin ich nun wieder im Land der Kinderträume, der Wunder und der Abenteuer und ich denke zurück an die Eindrücke, die ich vor 5 Jahren auf meiner ersten Tour durch Nordindien sammeln durfte. Selbst die Gerüche sind noch in meinem Kopf, wie sich Hitze, Schweiß, Urin und tropische Winde vermischen und mich umfangen, dazu ein Stimmengewirr, Verkehrslärm, und bunte Farben, die versuchen die Sinne zu betäuben, die dich einfangen und nicht loslassen wollen, Hütten und Paläste, Armut und Reichtum, Bettler und Edelleute und das alles auf engstem Raum. Langsam dringe ich ein in diese fremde Welt und lasse mich gefangen nehmen von ihren Wundern.

Das Taj Mahal, seit über 350 Jahren ein Symbol der Liebe taucht im Morgendunst nebelverhangen in der Erinnerung auf. Ein Bau, wie aus einem Märchen von 1001 Nacht, nein noch viel schöner. Perfektion, Anmut und Vollkommenheit die das Herz berührt und Stille, andachtsvolle Stille, dass man selbst die Zeit vergisst. Sie scheint angesichts dieses Baus nicht mehr zu existieren und die Menschen stören nur. Geschichte geschrieben in weißem Marmor, heute gelesen von tausenden Besuchern jeden Tag aufs Neue. Eine Welt voller Märchen und Wunder.

Varanasi, der Pilgerort am heiligen Ganges, Totentraum und Vollendung für jeden gläubigen Hindu, Wallfahrtsort in die Hölle oder ins Glück? Diese Stadt zeigt ein ganz seltsames Selbstverständnis. Sie tötet und doch ist sie ein Symbol des Lebens, des ewigen Kreislaufes von Geburt, Tod und Wiedergeburt. Laut ist sie und heiß, stickig und eng. Aufdringlich ist sie, besitz ergreifend, dass man glaubt es sind nicht die unzähligen Bettler die ihre Hand nach dir ausstrecken, sondern es ist die Stadt selbst, die dich verschlingen will. Nirgends auf dieser Welt bist du Menschen so nahe, ein atmender Moloch mit dem Geruch von Tod. Schon am frühen Morgen gegen 4 Uhr auf dem Weg zum Fluss, gehst du vorbei an Toten oder an Sterbenden und in diesem ganzen Leid, kannst du schon ein wenig vom Glück spüren und vom Glauben dieser Menschen. Bettelnde Hände, brennende Augen, Männer, Frauen, Kinder; alles verschmilzt und du bist glücklich, endlich das Boot zu besteigen, dass dich den Ganges entlang zu den Gahts bringen wird, den Verbrennungsplätzen der Hindus. Dann siehst du diese Feuer, nicht nur eins, es sind hunderte, hunderte Leben, Geschichten und Hoffnungen die hier in Flammen aufgehen. Du möchtest den Blick abwenden und die Nase bedecken und du bist doch so fasziniert. Indien, wie es wirklich ist, zwischen Tradition und Moderne und so vollkommen lebendig.

Die Bilderverkäufer vor einem Palast in Jaipur. Wunderschöne kleine Kunstwerke, die das Leben im alten Indien schildern, das Leben in den Palästen, das Kamasutra in seinen vielen Spielarten all das hält mich gefangen und lässt mich die Zeit vergessen. Dieses Bild, oder dieses? Ich kann mich nicht entscheiden und irgendwann mahnt der Busfahrer zum Aufbruch. Nichts gekauft. Eilig verabschiede ich mich von den Händlern und im Laufschritt geht es zum Bus. Einsteigen und los. Sitzen, durchatmen und es kommt ein wenig Wehmut ob der verpassten Bilder auf. Aber was soll es, Indien ist voll von kleinen Kunstwerken und die nächste Gelegenheit wartet sicher schon. Angekommen vor dem Hotel, greife ich nach den Dingen in der Ablage und wundere mich, dass dort 2 Bilder, sorgsam zusammengerollt, liegen. Alles Nachfragen kann keinen Besitzer ausmachen. Als ich sie öffne erstarre ich und ein Schauder läuft mir den Rücken herab. Es sind genau die beiden Bilder die ich kaufen wollte. Sorgsam rolle ich sie wieder zusammen und lege sie zurück. Auch das ist Indien.

Aber darum bin ich diesmal nicht hier. Ich bin gekommen um Tiger zu sehen, die Könige des Dschungels. Endlich das sehen was sonst nur Tierfilmern möglich ist, da ist schon viel Aufregung dabei. Angereist bin ich mit dem Zug und dann weiter mit dem Jeep bis Bandhavgahr, einem kleinen Nationalpark mit einem guten Tigerbestand. Kanha und Rantambore stehen auch noch auf dem Programm. Tiger und Dschungel, Träume die mich durch meine Kindheit begleitet haben und die nun Wirklichkeit werden sollen. Ende des 18. Jahrhunderts gab es in Indien noch ca. 60.000 Tiger. Gnadenlose Jagd hatten die Bestände bis auf 2.000 Tiere 1970 reduziert. Durch intensive Schutzprogramme ist der Bestand bis heute auf ca. 3.000 Tiger angewachsen. Also davon sollte sich doch wenigstens einer sehen lassen. Also Schluss mit den Träumen es gibt so viel zu erleben.

12.00 Uhr sind wir im Camp angekommen und werden mit einem riesigen Frühstück empfangen. Bier und Saft helfen das große Buffet zu plündern. Nun noch schnell die Zelte beziehen und dann steht der ersten Safari nichts mehr im Weg. Ein offener Jeep für 4 Personen steht bereit und am Parkeingang steigt ein Parkranger zu, der uns begleiten wird. Die Spannung steigt immer weiter. Eine Landschaft mit zerklüfteten Felsen und dichten Wäldern, Rehe und Antilopen und Stille. Werden wir den König dieser Wälder sehen? Am Nachmittag sind die Chancen gering und doch finden wir im weichen Sand ganz frische Tatzenabdrücke, riesige Spuren und auf einmal ist sie da. Ein Weibchen von ca. 2,5 Jahren zieht majestätisch ihre Bahn. Voller Kraft und Anmut und Stolz. Sie zeigt sich uns ruhig und gelassen wie ein Filmstar, während wir vor Aufregung kaum zu atmen wagen. Die Stille wird nur vom Klicken der Fotoapparate unterbrochen und genau so plötzlich wie sie auftauchte ist sie wieder im Dickicht verschwunden. Kann es denn wahr sein, das schon die erste Tour diesen Wunsch erfüllt hat? Ich bin vollkommen glücklich und weiß genau, alles was nun noch kommen mag ist eine Zugabe. Der nächste Tag beginnt 5.30 Uhr mit Wecken und vielen Tierbegegnungen am Vormittag und auch am Nachmittag. Tiger sind nicht darunter, aber spannend ist es allemal.

Die nächste Safari ruft. Es ist kalt am Morgen und die Erde feucht vom Tau. Langsam brechen die ersten Sonnenstrahlen durch und zaubern Lichtstreifen im Dickicht. Viele frische Tigerspuren sind zu sehen und wieder steigt die Spannung. Auf einmal kommt der Jeep vor uns zum stehen. Langsam fahren wir auf gleiche Höhe und da ist er. Ein riesiges Männchen, ein wahrer König. Er streift uns mit seinem Blick, dreht sich um, zieht ein Stück des Weges und verschwindet lautlos in den Büschen. Was für ein Moment. Es ist immer wieder unbeschreiblich, diesen Tieren in Freiheit zu begegnen, atemlos ist man und aufgewühlt. Tage vergehen mit wunderschönen Tiererlebnissen und es fällt schwer, den Platz zu verlassen, wo ich ihn das erste mal in freier Wildbahn gesehen habe, aber der nächste Park wartet schon. Am Mittag soll es weitergehen nach Kahna. Plötzlich kommt noch einmal Unruhe und Hektik auf. Ein Tiger ist gesichtet worden, der einen Hirsch erlegt hat. Schnell in die Jeeps und auf geht es. Kurz vor der Stelle warten Elefanten auf uns und wir steigen um. Langsam geht es steil den Hügel nach oben und dort liegt schläfrig und satt eine Tigerin im Busch, neben sich die Beute. Gelassen gähnend schließt sie bei unserem Anblick die Augen.

Weiter, weiter, gegen 18.00 Uhr erreichen wir die Thuli Tiger Lodge, nun wissend was AC/DC mit ihrem „Higway to hell" gemeint hat, und genießen unser Diner. Die ersten Safarigeschichten werden mit anderen Gästen ausgetauscht und müde fallen wir bald in die Betten. 4.45 Uhr wird geweckt. Zum Munter werden gibt es heißen Marsallatee mit viel Milch, Kardamon und Pfeffer. Kalt ist es zu dieser frühen Stunde und wir hüllen uns im offenen Jeep in die Decken. Dann an einem klaren Flusslauf wird die Stille durch Warnrufe unterbrochen. Er muss ganz in der Nähe sein. Das Jagdfieber hat uns alle gepackt. Atemlos, da wieder der Ruf der Affen und der Sambadeers aber er will sich nicht zeigen. Wir verharren fast eine Stunde an diesem wundervollen Platz, doch die Rufe werden leiser, er ist ungesehen vorbeigezogen. Wir fahren wieder und urplötzlich ist ein Schatten in den Büschen. Noch weit entfernt. Schnell beziehen wir Position und schon tritt er auf die Lichtung. Ein riesiges Männchen schreitet über die Wiese. Einfach unbeschreiblich, der perfekte Moment, das perfekte Licht, der perfekte Tiger. Es ist einfach schön. Auch am nächsten Tag ist der Vormittagstiger wieder pünktlich. Wir bewundern ihn vom Elefanten aus und er lässt sich nicht stören. Ein junges Männchen mit seiner Beute. Direkt zu den Füssen des Elefanten liegt er. Zufrieden und etwas schläfrig, aber auch für uns heißt es nun wieder Abschiednehmen. Es ist auch immer wieder ein Abschied von lieb gewonnenen Menschen, die uns ein Stück ihres Lebens, ihrer Träume und Ihrer Kultur offenbart haben.

Rantambore ist nun der letzte und größte Park auf dieser Tour. Hier scheinen die Tiger feste Zeiten zu haben, denn wir jagen in einem Höllentempo mit dem Jeep los. Kaum zu glauben hier Erfolg zu haben. Der Park ist sehr stark frequentiert, vor allem auch durch Schulklassen, was einen hohen Lärmpegel zur Folge hat. Doch die Hetzjagd hat sich gelohnt. Weit ab von allen anderen ist es mal wieder so weit. 10 m vor unserem Jeep tritt eine Tigerin auf den Sandweg.

Gelassen zieht sie vor uns den Weg entlang und wir folgen ihr langsam. Fast 10 Minuten haben wir Zeit, sie zu bewundern, ehe sie wieder im Busch verschwindet. So ist es also dieses Indien, mit seiner Natur, seinen Menschen, seinen Gegensätzen, seinen Geheimnissen und mit seinem Fortschritt. Ein wunderschönes Land, schwer zu verstehen für uns Europäer, so lange wir versuchen, es mit dem Verstand und nicht mit dem Herzen zu erfassen.

5.   Abenteuer im Okavangodelta
        Reisen in Botswana

Langsam gleitet der Einbaum durch das saftige Grün des Deltas. Vögel singen und die Sonne brennt herab. Zeit die Seele ein wenig baumeln zu lassen und den eben erlebten Flug zu verarbeiten. In Maun sind wir gestartet, in Richtung Guns Camp, um das Okavangodelta kennen zu lernen. Welch ein gewaltiger Blick bietet sich dem Auge aus der kleinen Chesna. Wasser, glitzernd in den Sonnenstrahlen, ein Silberteppich und fruchtbares Grün in unendlicher Weite. Palmen ragen dazwischen empor und man kann sich nicht satt sehen an dieser Naturschönheit.

Sind das da Giraffen oder da Elefanten und da Büffel? Ja es ist so, auch Tiere sind zu erkennen und ein warmes Gefühl streicht durch das Herz. Aufregung und Hochspannung erfassen mich und ich spüre, dass ein ganz besonderes Abenteuer beginnt. Kaum gelandet wird das Gepäck geschultert und auf geht es Richtung Camp. Schnell läuft mir der Schweiß in Strömen herab und ich bin froh, nur das kleine Zelt tragen zu müssen, das wir extra für das Delta gewählt haben. Aber im Camp wartet schon ein kühles Bier auf und, nachdem wir die stationären Zelte bezogen haben.

Der Erkundungsgang zeigt und eine schöne große Aussichtsplattform und wir entdecken 2 Löwinnen, die gar nicht weit weg einen Kill haben und gemütlich fressen. Wenn das nichts ist; unsere Neugier lässt jede Gefahr vergessen und wir schnappen und zu viert einen Einbaum um das Ganze aus der Nähe zu erkunden. Hochspannung vom Feinsten, als wir ungeschickt durch die Wasserläufe staken in Richtung der Jagdstelle. Selbst die Flusspferde können uns nicht aufhalten in unserem Jagdfieber. Wir ignorieren sie einfach und sie zum Glück auch uns. Bald sind wir auch ziemlich nah und können schon das knacken der Kochen hören, aber an ein Aussteigen und näher schleichen ist nicht zu denken.

Übermannshohes Gras nimmt uns jede Sicht und nur mit Messern bewaffnet würde das Ganze auch eher an ein Kamikazeunternehmen erinnern. Also lassen wir Vernunft walten und staken mit zitternden Knien und pochenden Herzen zurück in das sichere Camp. Unser Ausflug ist nicht unbemerkt geblieben und es hat sich eine stattliche Anzahl von Zuschauern auf der Aussichtsplattform versammelt. Aber nicht alle Reaktionen sind positiv und so hören wir uns gesenkten Hauptes die Standpauken an. Klar sollten wir besser wissen was man tut und was nicht, aber manchmal ist die Neugier einfach größer. So zeigen wir äußerlich Reue ob des schandhaften Tuns und kichern innerlich wie kleine Kinder ob des bestandenen Abenteuers, wohl wissend es immer wieder so zu tun.

Ein kräftiges Abendbrot stärkt uns und wir genießen den Sonnenuntergang mit ein paar Drinks auf der Beobachtungsplattform. Die Nacht senkt sich herab und die Gespräche werden immer schleppender, den die Geräusche des Deltas nehmen und gefangen und verführen uns zum Träumen.

Als uns die Nacht aus ihren Armen entlässt ist sofort die Spannung da, denn heute soll das große Abenteuer

Okavangodelta richtig beginnen. Heißer Kaffee und ein ausgiebiges Frühstück wecken die Lebensgeister und schnell ist das notwendige Gepäck auf die Einbäume verladen und die Tour beginnt. Atemlos sind wir, still, nur das Eintauchen der Stange und das plätschern des Wassers ist zu hören. Immer neue Wasserläufe durch die wir ziehen und immer neue Einblicke in eine fremde Welt. Ist es hier eine einfache, einsame Hütte die unser Auge fesselt, ist es eine Biegung weiter ein Büffel der lautlos im knietiefen Wasser steht und trinkt, fast so als gäbe es uns nicht. Immer wieder fliegen Reiher und andere Vögel auf, die wir in ihrer Ruhe stören. Kleine und große Inseln ziehen an uns vorbei.

Alle Anspannung fällt ab und wir passen uns dem Rhythmus der Natur an. Auf einmal ein leiser Ruf zur Vorsicht. Unser Führer hat ihn ausgestoßen und schon sehen wir es auch. Flusspferde voraus. Mächtig und ruhig liegen sie im Wasser. Nur die Augen sind zu sehen. Kaum zu glauben wie schnell sie sein können. Ein Männchen zeigt uns sein gewaltiges maul und wir sein gern bereit, einen Umweg in Kauf zu nehmen um ihr Territorium zu umgehen. Ein Glück, dass wir sie zeitig genug bemerkt haben, aber wir haben auch sehr gute Führer dabei. Sie strahlen Ruhe und Vertrauen aus, wissen über diesen Lebensraum genau bescheid und Lieben diese Natur hier sehr. Sie leben für diese Landschaft, schützen sie und sind stolz, ein wenig von ihrem Wissen an uns weiter geben zu können.

Nach ca. 4 Stunden ist unser Platz im Delta erreicht. Eine Insel, recht groß, ein kleiner Hügel, Bäume, kleine Buschbestände, daneben der mächtige Strom, alles recht idyllisch. Wir untersuchen den Lagerplatz und stellen Elefantenspuren und Kot fest. Damit wissen wir, sie waren hier und sie werden wiederkommen. Schnell sind die kleinen Zelte aufgebaut und alles verstaut. Die Kochstelle ist errichtet, das Feuer brennt und Karsten gibt die erste Einweisung für das Leben im Busch. Noch lächeln wir ein wenig, aber vieles was uns zunächst als lustig erscheint ist wichtig um in dieser Welt zu leben.

Wir sind gespannt was uns hier alles erwartet. Nach dem essen sind alle erst mal müde und ziehen sich in den Schatten der Bäume zurück, um Siesta zu halten. Ich schlendere zum Fluss, lege meine Sachen ab und suche mir eine etwas schneller strömende Stelle. Das Wasser ist wundervoll und ich gleite hinein und genieße das kühle Nass. Da ich ganz ruhig in der Strömung sitze dauert es gar nicht lange, bis die ersten Fische anfangen, sich für mich zu interessieren und zu knabbern beginnen. Sollen sie doch, ich werde schläfrig, sehe den Sonnenstrahlen zu, die mit den Insekten um die Wette tanzen und beobachte die Elefanten die langsam heranziehen. Was Elefanten? Ich schrecke auf.

Ja, tatsächlich ziehen 3 graue Riesen ganz langsam in meine Richtung. Immer näher kommen sie, sind kaum noch 300 Meter entfernt. Langsam ziehe ich mich aus dem Fluss zurück, greife meine Sachen, ziehe mich an und renne zum Camp zurück, um die Neuigkeit zu verkünden. Mit einem Schlag sind alle hell wach. In der Deckung der Bäume pirschen wir zu dem kleinen Hügel und sehen sie sofort. Sie sind gerade dabei den Fluss zu überqueren, genau dort, wo ich vor ein paar Minuten noch genüsslich gebadet habe.

Der Wind steht gut, sie können uns nicht entdecken und so haben wir Zeit, dieses langsame Näher kommen ausgiebig zu beobachten, Bis auf 100 Meter lassen wir sie heran, ehe wir uns in den Schutz des Feuers zurückziehen. Und sieh da, sie zeigen sich auch auf dem Hügel, beobachten den Lagerplatz, nähern sich aber nicht weiter sondern ziehen langsam ab.

Über eine Stunde ist fast wie im Fluge vergangen und wir atmen durch und besprechen das eben Erlebte. Gewaltig, diesen Tieren so nahe zu sein. Als ich von meinem Bad erzähle bekommen alle Lust, das Wasser zu probieren und ausgelassen tobt die ganze Mannschaft im Fluss. Selbst die Angst vor Krokodilen ist vergessen. Ein wundervoller Moment.

Schon ist es Zeit das Abendessen vorzubereiten. Lecker Spagetti mit Tomatensauce. Was glaubt ihr, wie das schmecken kann nach einem solchen Tag. Nichts bleibt übrig und schon hüllt uns auch die Nacht ein. Das Lagerfeuer prasselt und Geschichten machen die Runde, genau wie warmes Bier und warmer Wein. Beim Rum ist das nicht ganz so tragisch. Na was sind wir alle für Helden wenn ich uns da so zuhöre. Immer ruhiger werden die Stimmen, immer leiser die Gespräche, immer tiefer die Nacht und die Ersten verschwinden in ihren Zelten. War auch ein anstrengender Tag und am nächsten Morgen wollen wir zeitig raus. Frühpirsch ist angesagt im Delta. Im Zelt nehmen mich die Stimmen der Nacht gefangen und der Mondschein, der durch die dünne Leinwand dringt. Die Stimmen der Führer singen uns sanft in den Schlaf.

Wir sind nicht allein in dieser Nacht, das hört man durch kratzende Geräusche und leises Schleichen. Aber vielleicht ist es auch alles nur Fantasie. Der Geist ist zu träge und der Körper zu zaghaft, um es wirklich heraus zu finden. Viel ist schon geschrieben worden über Afrika, über den Zauber und die Geheimnisse dieses Kontinents aber hier, unter diesem Nachthimmel wird es erstmalig wirklich begreifbar. Das ist Afrika, du bist mitten drin und wirst zu einem Teil davon. Wärme strömt durch den Körper und man möchte weinen in einem solchen Moment.

Pünktlich um 5 Uhr werden alle Träume und der Schlaf abgeschüttelt und nach einem heißen Kaffee und kurzem, aber intensiven Frühstück sind wir 5.30 Uhr unterwegs, zu Fuß im Delta. Was für ein Abenteuer. Wie soll ich diese Vielfalt mit Worten beschreiben, was zuerst berichten? Zunächst ist es die Giraffe, die ihr Mal in den Baumkronen hält, dann eine Herde Büffel die uns gefährlich nahe kommen, junge Bullen, kraftstrotzend, die uns argwöhnisch beobachten, dann aber die Richtung wechseln und gemächlich weiterziehen. Durchatmen, denn diese Begegnung war nicht ungefährlich. Weiter geht es. Da wird schon wieder das Auge gefesselt. Windhunde auf der Jagd. Ein Anblick der nun wirklich nicht alltäglich ist.
Was haben wir für ein Glück. Kaum 200 Meter weiter hetzen ein paar Hyänen vorbei. Eine trägt einen blutigen Beuteknochen im Maul. Ja im Delta wird nicht nur gelebt, sondern auch gestorben. Eine Viertelstunde später sehen wir das ganz eindrucksvoll, denn wir finden das Skelett eines verendeten Elefanten. Nicht gewildert, ein Einschussloch können wir nirgends finden, nein einfach gestorben und abgenagt bis auf die Knochen, weiß

gebleicht von Wind und Wetter ist es ein Bild, das wohl jeder von uns in seinem Kopf mit nach Hause nimmt. Mittlerweile brennt die Sonne gnadenlos herab und es heißt haushalten mit dem Wasser in den Feldflaschen. Ich bewundere den Kameramann den wir dabei haben.

Auch ohne eine solche Ausrüstung spüre ich den Marsch in den Knochen. Aber immer wieder entschädigt uns die Natur mit eindrucksvollen Bildern. Wir erreichen eine Lichtung und als wir das Auge schweifen lassen sehen wir Elefanten, Giraffen, Zebras und Antilopen. Alles mit einem Blick wahrzunehmen. Sich drehen und die Bilder wechseln wie in einem Film. Nur das dieses kein Film ist sondern das wirklich pralle Leben. Wir beschließen, zu den Elefanten zu pirschen, da der Wind wieder günstig steht. Das herz schlägt schneller und der Pulsschlag trommelt in den Ohren, als wir ihnen immer näher kommen. Verdammt nahe, aber sie bemerken uns nicht. Wir haben alles richtig gemacht. Wenn ich wir sage meine ich natürlich unsere Führer, die das ganze erst möglich gemacht haben. Nicht mal ein Gewehr tragen sie. Für mich zeugt das von einem ganz besonderen Respekt vor der Natur und von einem sehr hohen Selbstbewusstsein.

Müde sind wir und das Wasser ist ausgetrunken, als wir um 14 Uhr unseren Platz erreichen. Müde, erschöpft aber auch unendlich glücklich essen und trinken wir und packen zusammen. Die Boote werden beladen und es geht auf den abenteuerlichen Rückweg. Wieder kreuzen wir das Revier von Flusspferden, wieder weiden Büffel am Ufer, wieder klingt das Gebrüll des Löwen in unserem Ohr. Die Wildnis hallt nach im Kopf, genau wie im Herzen .Mit der hereinbrechenden Dunkelheit erreichen wir Guns Camp und beziehen dort wieder unsere Zelte. Zum Abend gibt es ein ausgezeichnetes Kudusteak, kaltes Bier und Wein. Noch lange sitzen wir am Feuer zusammen und besprechen das Erlebte. Jeder für sich ein kleiner Held, aber alle zusammen glücklich etwas so Schönes gesehen zu haben.

6.   Die Nacht der zornigen Winde
     Reisen in der Mongolei

Eben ist die Sonne in einem Feuermeer über der
mongolischen Steppe untergegangen, der Wind hat
aufgefrischt und ich liege im Ger und träume vor mich hin.
Sterne sind aufgezogen und haben den Himmel mit einem
Silberteppich bedeckt, der durch die Öffnung für das
Ofenrohr in mein Gesicht blinkt. Wundervoll anzusehen in
dieser klaren Nachtluft. Es hat sich abgekühlt nach der
Tageshitze aber der Ofen sollte nicht gefeuert werden denn
der Wind rüttelt immer mehr an den Verspannungen. Ein
Glas Airack noch und die Gedanken beginnen zu fliegen
wie die Vögel der Nacht.

Ja da ist es wieder vor Augen dieses wundervolle Tal.
Friedlich weiden Pferde an einem kleinen Bachlauf der, so
schnell wie er entstanden ist, im Nichts verschwindet. Das
Fohlen wird von der kleinen Herde immer wieder in die
Mitte genommen und geschützt. Grünes Gras küsst
schroffe Felsgebilde und Steine die aus dem Boden in den
Himmel wachsen. Verwitterungen haben sich in den Fels
gegraben und ihm ein Gesicht gegeben. Ein Gesicht geprägt
von Sturm und Regen und Wind. Ein Gesicht voller
Weisheit und Erfahrung aber auch voller Strenge und
Gefahren. Langsam lenken mich meine Füße in die Berge
hinein und es geht steil hinauf. Hier atmet man die Weite
des Himmels, den Duft der Kräuter und das Lachen des
Windes. Ein Blick nach oben lässt mich staunend
innehalten. Auf einem schroffen Felsen zeichnet sich gegen
weiße Wolken ein dunkler Hengst wie hingemeißelt ab.

Seine Muskeln zeichnen sich deutlich unter der Haut ab, sein Blick ist stolz und Mähne und Schweif werden vom Bergwind gepeitscht. Es ist so schön und unwirklich und ich steige ihm entgegen. Er bleibt stehen, rührt sich nicht und erwartet mein kommen. Langsam nähere ich mich, rede auf ihn ein und es gelingt mir tatsächlich ganz nah bei ihm zu sein, lästige Fliegen an seinen Augen zu verscheuchen und sein Vertrauen zu gewinnen. Mensch und Tier für einen kurzen Moment in der Einsamkeit gemeinsam. Akzeptanz gleichberechtigter Partner. Aber ich will weiter, muss weiter, mich reizt der Blick über diese Bergkulisse. Und der entschädigt für die Mühen des Weges. Bizarre Felsformationen wechseln mit grünen Tälern und die Natur streichelt die Seele.

Immer gefährlicher tönt der Wind und dunkel Wolken beginnen über den Himmel zu jagen. Zornige Winde, ja, ihnen begegnet man hier oft, sie begleiten dich bei Tag und Nacht. Noch ein Glas vom Milchschnaps und die Seele beginnt wieder zu träumen.

Rauschendes Wasser stürzt zu Tal, denn wir haben den Onginwasserfall erreicht. Er hat eine Höhe von vielleicht 30m und ergießt sich in ein weites Becken im Felsental. Im Gischtzauber hat sich ein leuchtender Regenbogen gebildet und auf der grünen Wiese oben weiden Pferde, Schafe und Ziegen. Das Wasser lädt zu Bade und schnell ist eine winziger Weg in den Felsen gefunden, der mich hinabführt. Ein Waldweg leitet mich zum Wasserfall, an dem einige mongolische Familien den tag mit ihren Kindern verbringen. Auf Steinen und im Moos sitzend betrachten sie mich neugierig. Jetzt kann ich auch nicht kneifen.

Langsam lasse ich mich in der Badehose über die glitschigen Felsen in das eiskalte Wasser gleiten. Es umfängt mich wie eine kalte hand und ich schwimme langsam dem Wasserfall entgegen um schließlich hineinzutauchen und mich von ihm massieren, oder besser gesagt schlagen zu lassen. Atemlos bin ich, ausgepowert als ich auf unsiecheren Füssen die nassen Felsen am Rand erreiche, aber lachend strecken sich mir helfende Hände entgegen. Schulter klopfen, Bilder manchen, Wodka trinken, eine freundliche Wärme durchströmt mich. Obwohl keiner die Sprache des anderen spricht verstehen wir uns doch, sitzen beieinander und erzählen mit Händen und Füssen.

Schritte vor dem Ger. Fast verschluckt vom Peitschen des Windes. Helfende Hände spannen die Riemen neu, sichern gegen die Kraft der Natur. Selbst der Stein der die Jurte stabilisiert beginnt leicht zu pendeln. Oder ist es der Airack, ein teuflischer Trank aus vergorener Stutenmilch?

Sand mitten in der Gobi, einer Steinwüste, wie kann das sein? Durch einen Felstrichter und stetigen Wind wird der Boden hinein geblasen und hat die längste Sanddüne der Welt gebildet. Genau dort hin will ich jetzt unter einer Sonne, die schon jetzt am Morgen gnadenlos brennt. Ein Meer von Sand türmt sich bis zu einer Höhe von 200m vor einem kleinen Saxaulwald und einem Wasserlauf auf. Jetzt berühren die Füße den heißen Sand, er rinnt beim Anstieg durch die Sandalen. Manchmal versinke ich knöcheltief, manchmal ist es eine feste Trittfläche die der Wind gebildet hat. Bizarre Formationen, Wellenspiel im Sand, Spuren, die im Nichts beginnen und im Nichts enden, ausgebleichte Knochen, die dramatische Geschichten erzählen. So sind sie die Gesichter der Wüste. Ringsherum Sandhügel und Sandtrichter, Schlagschatten und erbarmungslose Sonne, Farben die man nicht glauben will, wie der Fantasie eines Expressionisten entsprungen und über allem thront ein voller Mittagsmond. Hitze wie in einem Backofen, heute schmeckt sogar das lauwarme Wasser. Auf einmal fällt der Blick auf eine einsame, winzige Blume im Sand, die ihr kleines leben wundervoll verteidigt. Einsam wirkt sie und doch ein Symbol von Stärke, von Unüberwindlichkeit und der Wind frischt auf. Er peitscht die Sandkörner mit macht an Körper und Kopf. Unwillkürlich macht man sich klein, nein, ist man klein vor den Gewalten der Natur.

Beim langsamen Zurückwandernd aus den Dünen fällt der Blick auf eine Kamelherde, die friedlich am Rand der Düne grast. Schöne, stolze Tiere, die dieser gnadenlosen Natur hier vollkommen angepasst sind. Wie die Menschen die in ihr leben und um ihre Existenz täglich auf s neue kämpfen. An einem Ger der Nomaden gehe ich vorbei und bin neugierig geworden. Die Hunde schlagen an, aber sie sind angebunden und eine Frau bittet mich hinein. Respektvoll trete ich ins innere der Jurte. Jede Geste läst mich so fühlen als wäre ich willkommen. Wodka wird angeboten und Kamelmilch und Ziegenkäse und ein Gebäck. Ich bin Gast und fühle mich sehr wohl bei diesen Nomaden, Ihre Welt ist nicht meine, aber sie geben mir Einblicke in ihr schweres und doch schönes Leben.

Taumelnde Träume, flackernde Sterne und ein voller Mond. Ich bin hier und schlafe friedlich in den Armen des zornigen Windes ein, begleitet von wilden Träumen. Morgen erwarten mich neue Abenteuer.

7.   Einmal Hölle und zurück
      Abenteuer im Dschungel Borneos

Der Nebel breitet sich aus und hüllt schwülwarm alles ein.
Bergkuppen versinken und erste Regentropfen beginnen zu
fallen. Oder ist es nur ein neuer Fieberschub?
Fantasiegebilde die mich umtanzen, Schweißbäche die
meinen Körper nässen. Kraftlos taumle ich durch meine
Träume. Habe ich das alles wirklich erlebt oder spielt mir
nur das Fieber einen Streich? Alles wird wieder undeutlich
und unwahr und langsam rutsche ich zurück in meine
Träume.

Die Motoren des Flugzeugs dröhnen noch im Kopf als uns
die schwülwarme Abendluft Borneos in Kuching umfängt.
Wieder sind wir aufgebrochen um Abenteuer zu erleben
und an unsere Grenzen zu gehen. Frank, Werner und ich, 3
Freunde auf dem Weg in den Dschungel. Die Ausrüstung
wurde gecheckt und die Rucksäcke sind für den Marsch
gepackt. Zuerst nur ein kleiner Ausflug nach Bako, einem
Nationalpark ganz in der Nähe von Kuching, bekannt
durch seine Population an Langnasenaffen.

Nach kurzer Autofahrt und einem Wechsel in das Boot
erreichen wir den Strand von Bako und beziehen unsere
Zimmer. Tatendrang macht sich breit und bereit auf die
erste Wanderung geht es zur Rezeption zurück.
Wildschweine sind hier sehr aktiv und wir müssen sie fast
vom Weg jagen. Auch eine grüne Baumschlange verdaut
friedlich ein großes Irgendwas. Es ist morgens gegen 10
und wir haben noch keine Lust auf ein Bier. Die

Wasserflaschen sind gut gefüllt und Gepäck brauchen wir keins. Auf geht es unter Roslans Führung. Der Weg ist flach und ein Holzsteg führt über ein Mangrovenfeld das sich am Berghang entlang windet und langsam ins Meer übergeht. Flachwasser und wir sehen auch schon die ersten Langnasenaffen auf Nahrungssuche. Ein schönes Bild, was wir aber kaum würdigen weil sie heute nicht unser Thema sind.

Dann zweigt der Pfad in die Berge ab und steigt langsam an. Die Natur des Dschungels beginnt und zu umfangen. Immer wieder staunen wir über fleischfressende Pflanzen in einer Artenvielfalt, wie wir sie bisher noch nicht kannten. Wir tauchen ein in eine fremde Welt und spüren ihren Atem, spüren dieses Werden und Vergehen ganz intensiv und fühlen langsam die Anstrengungen des Marsches, die stetige Steigung nimmt mir bei dieser Hitze und Luftfeuchtigkeit den Atem und eine Ahnung, was uns hier erwarten könnte, macht sich bei mir breit. Ich fordere eine Pause ein und brauche lange, um wieder die nötige Luft für das Weitergehen zu haben. Die anderen sind besser in Form, aber was soll es; mit gegangen, mit gefangen. Es gibt kein zurück mehr. Das will ich auch gar nicht. Der Gipfel ist erreicht. Steinerner Boden und wir begeben uns zum Rand der Klippe. Was für eine wundervolle Bucht. Das südchinesische Meer lächelt uns entgegen und lädt uns zum Baden ein. Dieser Einladung folgen wir natürlich nur zu gern und machen uns auf den steilen Abstieg. Bald ist der Strand erreicht und die verschwitzten Sachen zum trocknen in die Sonne gelegt. Ruslan bereitet einen Lunch vor, während wir schnell in das angenehm warme Wasser eintauchen. Was für ein Vergnügen nach der anstrengenden Wanderung, aber der Spaß währt nicht lange. Auf einmal schreit Frank auf und verlässt humpelnd das Wasser. Ein Rochen hat ihn in die Fußsohle gestochen und sein Gift eingespritzt. Nun heißt es schnell handeln, aber Ruslan hat Erfahrung in diesen Dingen. Bedächtig säubert er die Wunde und presst das Gift heraus. An eine längere Tour ist natürlich nicht mehr zu denken und wir machen uns auf den Rückweg. Frank beißt tapfer die Zähne zusammen und wird später mit einem heißen Fußbad belohnt, was das letzte Gift abtötet und den Schmerz lindert. Am nächsten Morgen sind nur ein leichter Schmerz und eine Narbe geblieben, die an den kleinen Zwischenfall erinnern. Leider haben wir mit den Langnasenaffen heute kein Glück. Sie scheinen sauer auf uns zu sein, weil wir sie gestern ignoriert haben und zeigen sich nicht. Schade, aber trotzdem hat uns dieser Ausflug sehr gefallen. Mit Boot und Auto geht es zurück nach Kuching auf eine vorerst letzte Nacht in der Zivilisation.

Heute beginnt das wirkliche Abenteuer und wir machen uns mit dem Wagen auf den Weg in die Batang Ai Region. Das leichte Marschgepäck ist ordentlich gepackt und die Stimmung gut. Wir sind bereit. Nach 4 Stunden Autofahrt erreichen wir den Fluss. Auch dieser Tag ist wieder heiß und so sind wir froh in den Schatten der Bäume eintauchen zu können, nachdem das Langboot beladen ist. Stolz trägt einer der Iban ein altes Gewehr. Es ist zu unserem Schutz. Es geht gut voran, allerdings beginnt nach einer Stunde der Hintern weh zu tun und die Beine schlafen ein, aber wir haben ja nur noch 2,5 Stunden vor uns. Die erste Prüfung ist also leicht, aber wir ahnen noch nicht einmal was da noch kommt. Zunächst einmal das erste Langhaus, wo wir freundlich aufgenommen werden und man uns unsere Schlafplätze zeigt. Außer uns ist noch ein australisches Ehepaar hier. Es gelingt uns ein paar Bier zu besorgen. Weiß der Teufel wo dieser Shop ist, aber ein Junge übernimmt das für uns. Wir legen es auf das Eis unser Vorräte und werden später daran gehen es zu trinken. Nach dem opulenten Abendessen sind wir zu einer Shoppingtour eingeladen. Wir trauen unseren Augen kaum. Es sind ca. 50 Stände für uns 5 aufgebaut worden. Nicht einfach, da auszuwählen, aber wir können auch nicht jeden der Händler zufrieden stellen. Danach ist Kultur angesagt und auch wir werden aufgefordert mitzutanzen. Plump ahmen wir die grazilen Bewegungen der Tänzer zur Freude aller nach. Danach verteilen wir unsere Geschenke. Hier wären sie nicht nötig gewesen denn Touristen sind sehr häufig hier. Nach 3 Bier suchen wir unsere Schlafstellen auf und brauchen nicht lange, um unseren Traum von Borneo weiter zu träumen.

Zeitig erwachen wir am nächsten morgen und genießen das Frühstück, die Hahnenkampfvorführungen und das Blasrohrschießen, ehe wir unsere Rucksäcke schultern und das Boot besteigen, dem nächsten Langhaus entgegen. Heute kommt ein zweites Langboot und 3 Begleiter dazu, denn es geht nun tiefer in den Dschungel und nicht der ganze Weg ist schiffbar. Zur Mittagsrast am Fluss wird frischer Bambus geschlagen und mit verschiedenen Köstlichkeiten gefüllt, die über dem Feuer gegart werden. Auf Spießen werden Hühnerteile zubereitet und wir genießen ein tolles Mal. Dazu frisches Wasser und Reisschnaps... einfach köstlich. Nach einer weiteren Stunde Fahrt sind wir am Ziel angekommen. Nein, nicht am Ziel, die Boote müssen über Stromschnellen transportiert werden und können anschließend nicht mehr voll laden. Ich nehme spontan ein unfreiwilliges Bad zur Freude aller und los geht's. So wählen wir die Abkürzung über den Berg. Abkürzung bedeutet ein strapaziöser Anstieg bis auf rund 650 m, wahnsinnige Steigungen, schmale Pfade an Abgründen, Schlamm und Regen und das Alles ist erst der Auftakt. Ich bin schon auf dem halben Weg fix und fertig und beginne die anderen aufzuhalten. Liegt wohl am Übergewicht und dem schlechten Trainingszustand, aber all das lässt sich nun nicht mehr ändern. Ich sehe mich schon als erstes Opfer in die Tiefe stürzen, als Roslan den ersten Unfall erleidet. Am steilen Abstieg stürzt er und gerät dabei in eine ausgewasche Spalte. Die Schulter bleibt zwar heil, aber das Handgelenk sieht nicht gut aus. Mit zitternden Beinen erreiche auch ich das Langhaus. Ganze 6 Familien leben noch hier. Vor einem Jahr waren es noch 13. Wir werden herzlich Willkommen geheißen, legen unser Gepäck ab und gehen zunächst zum Fluss, um ein Bad zu nehmen. Unsere Vorräte und das Equipment ist auch schon angekommen und wir tragen alles zum Langhaus. Unsere Begleiter der ersten Etappe verabschieden sich und nehmen die Boote mit sich, denn von nun an geht es zu Fuß weiter. Aber bis dahin ist noch ein wenig Zeit. Vor uns liegt zunächst ein bescheidenes aber sehr schmackhaftes Abendessen. Danach verteilen wir unsere Geschenke und haben selten so viel Spaß dabei gehabt. Bei den ganzen Sachen sind auch Wundertüten, die besonders bei der anwesenden Damenwelt auf große Bewunderung stoßen, enthalten sie doch neben kleinen Spielzeugen auch Ringe und Glitzerkram. So ein Gelächter, ich glaub wir sind jetzt alle verlobt und die Mädels sehen es auch so. Die Kinder füllen sich die Bäuche mit Süßigkeiten und die Männer bewundern ihre neuen Technikspielzeuge. Alle sind zufrieden und die Flasche mit Reisschnaps kreist wieder. Roslan dolmetscht für uns und immer wieder weht lachen durch das Langhaus. Schließlich bereitet man unser Lager im Vorraum und spannt die Moskitonetze darüber. Wir lauschen den Regentropfen und müde fallen wir in einen tiefen, traumlosen Schlaf.

Am morgen sprinten gegen 5 Uhr die Hunde an und vorüber und an Schlaf ist nicht mehr zu denken. Ein Bad im Fluss ist die Morgentoilette und danach gibt es lecker Frühstück. Der Kaffe macht und endgültig wach und bereit für den Tag. Es gibt 3 neue Träger. Unter Ihnen ist sogar ein Taubstummer. Wir haben uns schon gestern an seiner Fröhlichkeit erfreut. Neugierig probieren wir die Lasten und stellen schnell wieder ab. Wahnsinn was die tragen und das auf einer solchen Strecke, später werden wir die Leistung noch mehr verstehen und würdigen. Das Gepäck wird geschultert, wir verabschieden uns und los geht es. Zunächst durch den Fluss, Schuhe aus, bis zum Bauch hinein, Schuhe an, Berg hinauf, Berg hinunter, Schuhe aus, hinein in den Fluss, Schuhe an und nun lassen wir sie ganz an. Die Sonne brennt, 35 Grad, 100 % Luftfeuchtigkeit, ein Gelände was uns, insbesondere mir, alles abverlangt. Schweißüberströmt bin ich und immer wieder ein neuer Berg und der Fluss den es zu überwinden gilt. Quälend ziehen sich die Stunden dahin. Die Träger aber sind weit voraus, wenige Pausen, ich fluche vor Erschöpfung vor mich hin. Zur Abwechslung geht nun Frank mit seinem Handy baden, was dem gar nicht recht bekommt. Damit sind aber auch die bisherigen Aufzeichnungen erledigt.

Mittagsrast an einem Sandplatz. Alle erfrischen sich im Wasser, ich habe nicht die Kraft die Sachen auszuziehen und bade gleich so. Das schmackhafte Essen gibt neue Kraft und neuen Elan. Weiter geht es nach viel zu kurzer Zeit. Berg auf, Berg ab und durch den Fluss, immer steiler, immer gefährlicher, manchmal nur durch Lianen und Wurzeln gesichert an fast senkrechten Hängen ohne jeden Weg. An einem glatten Felsen rutsche ich ab ins Wasser und das linke Bein gerät in eine Felsspalte. Ein kurzes Knirschen, ein stechender Schmerz als ich mich drehe und die große Zehe ist gebrochen. Keine Zeit zum verweilen, weiter, denn die Nacht naht und das Lager muss aufgeschlagen werden. Endlich angekommen entfachen die Träger zunächst ein Feuer und beginnen mit dem Aufbau des Lagers. Wir säubern uns notdürftig und versorgen Wunden und Insektenstiche. Blut läuft in meine Schuhe, dort wo sie gescheuert haben und wo Pflanzen Schnitte verursacht haben, aber egal. Auch ein paar Würmer drücke ich heraus, aber was soll es. Mir fehlt die Kraft darüber nachzudenken. Ich bin am Ende und als das Lager bereitet ist lege ich mich hin. Wie soll das nur weitergehen? Alles schmerzt und doch liegt noch soviel vor uns. Essen mag ich nicht, nur heißen Tee. Ich mache mir große Sorgen morgen überhaupt aufstehen zu können. Der Regen beginnt in Strömen zu rinnen und platscht auf die Schutzplane. Gespräche vor mir, unter mir, neben mir. Es interessiert mich nicht und irgendwann schlafe ich traumlos ein.

Kaum erfrischt erwache ich am nächsten Morgen. Essen mag ich immer noch nichts und so tun es ein paar Gläser Tee. Meinen Zeh habe ich nicht gewagt anzusehen, aber es hilft alles nichts, es muss weiter gehen. So beginnt unter

Schmerzen wieder der Marsch. Jeder Berg ist eine tiefe Qual, ich bin am Rande des Aufgebens. Sterben, na und, alles ist besser als diese Quälerei. Aber die Freunde geben Kraft, helfen wo sie können. Manchmal ist aber auch das zu viel. Kurz vor Mittag liege ich nach einigen zusätzlichen Pausen 30 m unter einem Berggipfel, eine Stunde lang. Ich bin am Ende, ohne jede Kraft. Nur Schmerzen und juckende Stiche und Wunden. Als ich den Gipfel erreiche möchte ich weinen vor Freude, eine Schneise ist in den Dschungel geschlagen und eine Straße entsteht. Ein fremder Iban ist dabei Zuckerrohr zu schlagen. Er kommt aus dem Langhaus wo morgen Vormittag unser Weg enden soll und er ist bereit mich mit sich zu nehmen. In 3 Stunden hat meine Qual ein Ende, ich kann mich ausruhen, bin in Sicherheit. Wie gern ich mich ihm anschließe. Mit kleinen müden Schritten folge ich ihm, nachdem ich mich bei meinen Freunden für die Nacht verabschiedet habe.

Wie betrunken wandere ich, jedes Gefühl für die Zeit verloren. Irgendwann taucht der Langhauskomplex auf. Gleich geschafft. Kinderlachen begrüßt mich und aufgeregte Stimmen. Schnell erklärt er allen meine Lage und seine Frau kümmert sich sofort rührend um mich, bereitet Tee und Essen und ein Lager. Unter Schmerzen ziehe ich meine Schuhe aus. Die Zehe ist schwarz. Ich humple zum Fluss, reinige mich notdürftig und schlafe, begleitet von Kinderlachen ein. Als ich erwache ist die Sonne schon tief gesunken und die Berge sind in Nebel gehüllt. Was mögen meine Freunde tun? Der Chief des Langhauses kommt zurück. Ich begrüße ihn voller Achtung und gemeinsam nehmen wir ein reichliches Abendessen ein. Danach sitzen wir zusammen und sprechen achtungsvoll miteinander, keiner in der Sprache des Anderen und doch ist ein tiefes Verstehen da. Wir haben wohl beide gelernt, mit dem herzen zu hören. Zeitig sinke ich in eine tiefen Schlaf, denn ich bin vollkommen erschöpft. Er hat meine Müdigkeit und mein Schlafbedürfnis verstanden, obwohl wir beide gern noch zusammen gesessen hätten. Der nächste morgen beginnt mit Frühstück und einem Bad im Fluss. Geren 10 Uhr treffen unter lautem Hallo die Freunde ein und es gibt so viel zu erzählen. Alle sind neugierig und Roslan dolmetscht. Entspannt geben wir uns den Tagesabläufen im Langhaus hin. Wir kaufen noch schnell Geschenke für den Abend und Sichten unsere Bestände die wir entbehren können. Immer wieder kreist der Reisschnaps, Lieder werden angestimmt und auch wir lassen und von diesem Tun gefangen nehmen, tanzen mit und singen und trinken. Dann geht es zum Baden und Fischen. Lachen und Scherze begleiten uns. Wir sind miteinander vertraut geworden. Bei der abendlichen Zeremonie merken wir alle wie wir einander ans Herz gewachsen sind. Besonders der Chief und ich. Wir verstehen uns wortlos, schauen uns in die Augen und vertrauen einander. Die Träger erhalten auch ihre Geschenke und eine kleine Einkaufsstrasse gibt es auch wieder. Wir schwatzen und feiern bis in die tiefe Nacht und als unser Lager bereitet ist schauen uns vielleicht 30 Gesichter beim Einschlafen zu. Was für ein Gefühl so aufgenommen zu sein. Beim Abschied am nächsten Morgen wissen wir, dass es kein Abschied für immer sein wird. Ich habe hier Freunde gewonnen und wir werden uns wieder sehen. Ich hab es versprochen und werde dieses Versprechen halten, nur zu gern. Kinderlachen und Winken begleitet uns auf unserem Weg zum Boot.

Bald ist der Weg in die Zivilisation geschafft. Ein paar Einkäufe noch, eine Bar, eine Nacht am Meer und es geht zurück. Stiche und Wunden schmerzen noch, aber auch ich habe es geschafft. Nicht zuletzt dank guter Freunde. Langsam sinke ich zurück in das Fieber was mich gefangen hält. Borneo taucht im Nebel wieder auf, Schweißbäche, Höhen, Täler, der Dschungel, die Menschen und ich sinke zurück in einen tiefen, traumlosen Schlaf.

8.   Es wird Nacht in Venedig
Italienische Reise

Die Uhr hat gerade zweimal geschlagen als das Boot am Anleger St Maria del Giglio fest macht. Tiefe Dunkelheit hält alles umschlungen. Am Himmel ein paar einzelne Sterne. Wind fegt durch die einsamen Gassen. Menschenleer atmen sie im Gleichklang mit den jagenden Wolken. Eine Laterne spendet Licht für einen Blick in den Stadtplan. Die Orientierung ist schwierig aber zumindest ist die Ausstiegsstelle richtig. Der Koffer rollt und holpert laut über das Kopfsteinpflaster. Hoffentlich wachen nicht alle auf, das ist mein erster Gedanke. Jeden Moment warte ich darauf, dass sich ein Fenster öffnet und man mich mit einem Schwall Wasser oder Beschimpfungen überschüttet. Ich kann den Campo San Maurizio einfach nicht finden, wo meine Unterkunft liegt. In der Küche eines größeren Hotels ist ein Lichtschein zu sehen. Also klopfen, fragen; die Verständigung ist schwierig, aber ich scheine nicht so verkehrt zu sein. Weiter geht es. Moment, hier war ich doch schon mal. Laufe ich im Kreis? Koffer abstellen, Karte hervorholen, neu orientieren. Lautloses Innehalten, so als ob man erwartet, jeden Moment einer kichernden Maske zu begegnen. Unter der Brücke summt ein Kanal sein einsames Lied in die Nacht. Wellen schlagen leicht plätschernd gegen Mauerwände, fast als ob man flüsternde Stimmen hört. Endlich die Erkenntnis. Gleich um die Ecke muss das kleine Hotel liegen und da leuchtet mir auch schon schwach ein Schild entgegen. Gefunden. Erleichterung macht sich breit. War schon ein komisches Gefühl durch eine Stadt mit engen, unbekannten Gassen, mit Brücken, Kanälen und so ganz ohne Menschen zu laufen. Aber es hat sich gelohnt. Diese Atmosphäre ist etwas Besonderes. Man fühlt sich zurückgesetzt in eine andere Zeit. Karneval, Kavaliere, schöne Frauen, Masken, alles scheint möglich zu sein.

Ein Gittertor schützt den Eingang zu der alten Villa die heute Hotel ist. Sie stammt aus dem 16. Jahrhundert und strahlt Ruhe und Stolz, Reichtum und Macht aus. Den Zerfall hat die Dunkelheit in ein weiches Tuch gehüllt. Wie schön, es wartet sogar noch jemand der mich begrüßt und zu den Zimmern führt. Einfache Zimmer, aber mit einem ganz besonderen Charme. Ein Himmelbett in der Mitte, ein Waschtisch, ein alter Schrank, zwei Stühle. Mehr ist gar nicht notwendig um mich zu verzaubern. Das Bad ist über den Gang. Na und? Wo waren früher die Bademöglichkeiten? Schnell sind die paar Habseligkeiten verstaut und ich tauche ein in ein weiches, weißes Federbett. Traumlos versinke ich in der dichten Nacht.

Die Sonne kitzelt meine Augen durch die Spalten der Jalousie und Musik dringt durch das Fenster. Es ist schon spät am Morgen. Venedig, Traumziel so mancher Reisender. Von vielen geliebt und von mindestens genau so vielen verteufelt. Für die einen die Stadt der Maskenbälle, der Verliebten und der Ausschweifungen, für die anderen einfach nur eine stinkende Kloake. Aber ich möchte mein eigenes Venedig finden, möchte mir selbst ein Bild machen von dieser Stadt.

Also schnell heraus aus den Federn, eine Dusche genommen und hinaus auf die Strasse. Warme Sommerluft empfängt mich und im Eingangsbereich duften Bouganville in reifer Farbenpracht. Die kleinen Geschäfte rechts und links vom Hoteleingang haben schon geöffnet. Papierwaren in den Auslagen, Schreibfedern und Bücher in dem einen. Kunst und Clownfiguren in dem anderen. Gegenüber drängen sich Kinder an einem Eisstand. Die Stadt nimmt einen sofort mit viel Sympathie auf und man fühlt sich willkommen. Hinter der Ecke tut sich ein kleiner Platz auf mit einem Cafe, die Stühle stehen in der Morgensonne und laden zum verweilen ein. Der ideale Ort, um den Tag zu beginnen. Mit Espresso ist die letzte Müdigkeit schnell beseitigt. Der Blick schweift über den kleinen Platz und erfasst die Menschen, die ihn bevölkern. Hier ein alter Mann, der seine Tageszeitung am Kiosk holt. Die Jahre haben tiefe Spuren in sein Gesicht gegraben, aber seine Augen leuchten voller Interesse und Neugier. Da ein junges, verliebtes Paar. Beide sind so vollkommen mit sich selbst beschäftigt, dass sie die Welt um sich vergessen haben. Lachend und turtelnd ziehen sie an mir vorbei. Dort der dunkelhäutige Taschenhändler. Mit wachsamen Augen mustert er seine Umgebung und spricht die Passanten an, animiert sie, seine Plagiate zu kaufen, immer auf der Hut vor der Miliz. Zwei Tische neben mir eine elegante Dame in einem hellen Kostüm. Im Taschenspiegel prüft sie sorgfältig ihr Aussehen und nippt ab und an von ihrem Kaffe.

Stundenlang könnte ich so sitzen und beobachten. Frei von jeglichen Zwängen, der Augenlust hingegeben. Der einsame Voyeur oder der zynischen Beobachter? Nein, eher der sinnliche Genießer, der das Leben mit tiefen Zügen in sich aufnimmt. Jetzt schnell die Rechnung und auf geht es, selbst ein Teil dieses Spiels, dieser Bewegung, ein Puzzlestein im Leben werden. Die Stadt bei Tag erkunden.

Ein Paar Schritte nur über den Campo Francesco Morosini, eine Abbiegung und die Ponte Academica liegt vor mir. Eine wundervolle Holzbrücke die den Canale Grande überspannt und mich zu einem der schönsten Museen Venedigs führt. Atemberaubend was diese Sammlung an venezianischer Malerei zu bieten hat. Ein Rausch von Farben lässt mich fast taumeln und berühmte Namen ziehen an meinen Augen vorbei. Einmalige Schönheit in einer einmaligen Stadt. Aber die Zeit reicht nicht um alles lange zu genießen, es gibt zu viel zu sehen und vieles verführt zum Verweilen und Träumen. Also schnell zurück über die Brücke in Richtung Markusplatz. Vorbei an geschäftigen Einwohnern und bummelnden Touristen, an bunten Geschäften mit Büchern, Glaswaren, neuester Mode; Masken und Cafes und Restaurants. Überall herrscht lebhafter Betrieb, nichts ist zu spüren von der Stille der vergangenen Nacht. Gondeln gleiten durch die Kanäle, Wassertaxis summen vorbei, Gesang ertönt. Die Stadt ist so lebendig.

Da tut sich dieser riesige Platz auf. Der Mensch kommt sich klein vor ob dieser Größe und dieser Pracht. Der Größte Teil ist vom Hochwasser bedeckt und Stege leiten die Besucher zu den Sehenswürdigkeiten. Stühle vor den Cafes, manche sogar besetzt trotz des Wassers. Die Tauben drängen sich auf den wenigen trockenen Plätzen zusammen und warten gierig auf Futter. Aus den Stegen ein Drängen und Schieben, aber alle bewältigen die Wege. Im tieferen Wasser dirigieren Polizisten in Wathosen die

Menschenströme, virtuos und ruhig helfen sie, dass jeder zu seinem Ziel findet. Meines ist die Seufzerbrücke, welche den Dogenpalast mit dem neuen Gefängnis verbindet und von Antonio

Contin, dem Neffen des Erbauers der Rialtobrücke, geschaffen wurde. Über diese Brücke wurden die verurteilten Gefangenen in ihre Zellen oder zur Exekution geführt, streng durch eine Mauer von denen getrennt, die der Gerichtsbarkeit zugeführt wurden. Wie viele Flüche und Verwünschungen, wie viel Leid und Tränen, wie viel Zorn und Wut mag diese Brücke wohl getragen haben? Ein letzter Blick traf hier die Lagune und die dort wartende Freiheit.

Zurück auf dem Marcusplatz stehe ich staunend und mit offenem Mund vor der Kirche San Marco. Das Wasser ist inzwischen gewichen, es ist Platz für die Besucher. Die Fassade zieht mich in ihren Bann und kündet vom handwerklichen und künstlerischen Geschick ihrer Erbauer. Von Menschen gemacht für die Ewigkeit. Auch ich will die Stimmung weiter auf mich wirken lassen und nehme Platz im teuersten Cafe der Welt, dem Cafe Florian. Allein die Innenräume mit ihren Holzvertäfelungen und ihren Sitzmöbeln versetzen mich in eine andere Zeit. Sehen und staunen. Nur die Preise holen einen schnell in die Wirklichkeit zurück. Aber es gibt Dinge die kann man einfach nicht für Geld kaufen, aber man kann sie erleben wenn man sich dem Leben öffnet und es einsaugt wie ein Schwamm. Es fällt schwer, diesen riesigen Platz in seiner Schönheit und Hektik zu verlassen, aber es gibt noch so viel zusehen vom ursprünglichen, vom eigentlichen, vom lebendigen Venedig.

Mein Venedig auf Zeit. Es ist eine Stadt die an jeder Ecke etwas Neues bietet. Also weiter streifen durch belebte Gassen, vorbei an neugierigen Touristen und geschäftigen Einwohnern. Am Canale Grande, von Giglio aus, öffnet sich ein beeindruckender Blick auf das Guggenheimmuseum mit seinen Skulpturen im Vorgarten und natürlich auf die Marienkirche mit ihrer runden Kuppel, die mit dem Sonnenschein kokettiert. Den stolzen Abschluss der Landzunge bildet Dogana da Mar, die alte Zollstation aus dem 15. Jahrhundert. Noch heute grüßt Fortuna auf der goldenen Weltkugel die vorbeifahrenden Schiffe und wünscht ihnen Glück. Es herrscht ein lebhafter Verkehr. Privatboote, Gondeln, Wassertaxis, Transportboote, alles wimmelt durcheinander und Unfälle und Schiffskatastrophen scheinen vorprogrammiert zu sein. Aber nein, alles geht nach seinen eigenen Regeln und selbst wenn es einmal eng wird genügen ein paar laute Rufe und Kommandos und schon klärt sich die Lage.

Die alten Palazzi strahlen den Charme einer längst vergangenen Zeit aus und sind zu Teil wunderschön renoviert. Hier und da verdecken noch Gerüste den Blick auf die neue alte Pracht. Überall wird fleißig an Erhaltung und Erneuerung gearbeitet. Nun haben wir uns aber eine kleine Pause verdient. Die Weinstube Al Volto lädt in einer ruhigen Gasse am Canale Grande zum verweilen ein. Ein guter Tropfen Rotwein schmeichelt samtweich dem Gaumen und legt ein Geschmacksfeuerwerk frei. Dazu ein paar kleine Appetitshäppchen und schon kann die Eroberung Venedigs weitergehen. Als ich die Straße wieder betrete ist es merklich ruhiger geworden. Die

Nachmittagssonne steht schon tief und die Tagestouristen eilen zu den Booten, fertig für die Rückfahrt. Venedig bereitet sich für den Abend und die Nacht vor. Die Geschäftigkeit ist noch geblieben, aber sie ist anders geworden, hat ihre Hektik verloren. Es scheint al ob die Stadt langsamer atmet. Weiches Nachmittagslicht lässt noch einmal alles wie Gold glänzen. Wie ein Schleier zieht die Dämmerung herauf und beginnt die Stadt einzuhüllen. Ich sitze an der Uferpromenade Fondamente Nuove. Im 16. und 17. Jahrhundert zogen sich hier Gärten bis zum Wasser hinunter. Bei klarem Wetter kann man von hier sogar die Dolomiten sehen. Aber heute ruht mein Blick auf San Michele, dem größten Friedhof Venedigs auf der Insel Michele gleich gegenüber. Am Schiffsanleger herrscht geschäftiges treiben. Feierabendstimmung, laute Unterhaltungen würdigen das Tagwerk und bereiten den Abend vor.

Jetzt da sich die Nacht nähert spazieren die Gedanken wieder zurück in der Geschichte. Dogen, Bleikammern, Masken, rauschende Feste, Reichtum und Verfall. Das ganze schmückt eine morbide Sinnlichkeit, die sich im plätschernden Wasser zu ertränken scheint, nur um kurz darauf tief atmend, neu geboren zu werden. Die Romane von Donna Leon nehmen im Kopf Gestalt an. Gut, dass Comisario Brunetti er seine Fälle immer klärt, es kann also nichts geschehen. Oder ist diese Nacht für die Verliebten gemacht? Für Versprechungen, für geflüsterte Worte, für heimlich Schwüre, für verdeckte Berührungen und süße Küsse? Alles kann sein in deiner solchen Nacht, in einer solchen Stadt. Die Geräusche haben sich verändert. Alles klingt ein wenig hohler und die Fenster schauen mich mit nachtgelben Augen an. Sie blicken in die Dunkelheit und bilden Lichtkreise. Leuchttürme der Nacht. Das Plätschern des Wassers ist hörbarer und dumpfer geworden, die Schritte beginnen zu hallen und ich setze meinen Streifzug fort. Jetzt allerdings, um den Hunger des Tages zu stillen und mich den Genüssen des venezianischen Essens hinzugeben. Weg von der Einsamkeit, hin zu den netten, lebhaften Lokalen. Auslagen locken vielerorts bunt und vielfältig. Gemüse, Meerestiere, Fleisch, präsentiert auf glitzerndem kalten Eis, alles bildet einen sinnlichen Farbenrausch der mich lockt und anzieht. Die Breite des Angebots ist kaum zu übertreffen und die Auswahl fällt sichtlich schwer. Aber allein das Schauen so im vorbeischlendern erhöht die Lust auf Essen ungemein. Nachdem ich die Rialtobrücke überschritten habe, nicht ohne noch einmal dem Gesang der Gondoliere zu lauschen, werde ich im Stadtteil San Polo fündig. Das Da Fiore ist für meine Zwecke bestens geeignet, tummeln sich doch hier während des Filmfestes die ganz großen Stars. Besonders die Fischspezialitäten haben es mir angetan. Den Einstieg in den Abend bilden frittierte Zucchini, gefolgt von ein paar Nudeln. Dann kommt der kulinarische Höhepunkt des Abends, ein Seebarsch in Balsamico. Was für ein Genuss. Ein solider Chianti Classico unterstreicht das Ganze gemütlich und nicht zu schwer und ein hausgemachtes Tiramisu, begleitet von einem guten Cognac rundet den Abend ab. Was für ein Genuss. Auch die andern Gäste, die lebhaft in ihren Gesprächen sind, loben die Küche überschwänglich. Italienische Lebensart in einem kunstvollen Rahmen, zelebriert wie ein Konzert. Mit allen Sinnen genießen.

Nun ist es wirklich wieder tiefe Nacht geworden und meine Schritte hallen einsam wieder in den Gassen. Venedig hat sich zur Ruhe gelegt und atmet sanft seinen Charme in die Nachtluft. Die Kanäle plätschern leicht schnarchend dazu und trotzdem wirkt alles still. Aber nicht überall ist es so. Aus einer Pizzeria klingt lautstark Jazz. Richtiger Südstaatenjazz aus New Orleans. Wer vermutet das schon in Venedig? Aber irgendwie passt es, genau wie das Bier, das sich mit mir im Rhythmus der Musik im Glas bewegt. Ja, auch das ist Venedig, lebendig und beschwingt, auch noch in später Nachtstunde. Gegensätze die zueinander passen. Die Nachtluft vor der Pizzeria trocknet schnell den Schweiß. Voller schillernder Eindrücke bin ich wieder auf dem Weg durch die Nacht. Als ich endlich den Campo San Maurizio erreiche, beginnt ein grauer Streif am Himmel. Es wird morgen in Venedig.

Orte die ich sehen möchte:

Dinge die ich erleben möchte:

Mein Reisetagebuch: